Pendo

KURT BECK
EIN SOZIAL-DEMOKRAT

Die Autobiografie

Pendo

Grundlage dieser Autobiografie sind längere Gespräche mit Martina Fietz.

1. Auflage 2008

Umschlaggestaltung: Hauptmann & Kompanie
Werbeagentur, München – Zürich
Lektorat: Regina Carstensen
Gesetzt aus der Sabon
Satz: BuchHaus Robert Gigler, München
Druck und Bindung: Clausen & Bosse, Leck
Printed in Germany

ISBN 978-3-86612-204-8

INHALT

Einleitung 6

1 Kind der Nachkriegszeit 20
2 Aus der Werkstatt in die Politik 39
3 1. FC Kaiserslautern, Krawattennadeln
und ein roter Käfer 48
4 Nahe bei den Menschen 65
5 »Du bist neu, das kannst du vergessen« –
Von Steinfeld nach Mainz 57
6 Schwierige Jahre, prägende Zeiten 66
7 Wenn Politik zum Beruf wird 93
8 Landesvater mit eigenem Regierungsstil 99
9 Deutschlands Zukunft ist eine aktive
Bürgergesellschaft 116
10 Berliner Perspektiven – Vorsitzender der SPD 121
11 Wozu noch Sozialdemokratie? 135
12 Ein schlagkräftiges Team 158
13 Wir sind die Friedensmacht 169
14 Der Blick nach vorn 188

EINLEITUNG

Dem Rat des Verlages folgend, ist der Titel dieses Buches kurz. *Ein Sozialdemokrat wie es viele gibt* hätte mir eher entsprochen. Die politische und menschliche Dimension, dass man von sich selbst nicht zu viel Aufhebens machen soll, käme so besser zum Ausdruck. Das Egomanische liegt mir fern. Leute, die nur um ihre eigene Person, ihre Wichtigkeit und ihren Ehrgeiz kreisen, waren bei uns zu Hause nie gut angesehen. An dieser Sichtweise liegt es auch, dass ich nicht selbst auf die Idee gekommen bin, ein Buch über meinen bisherigen Lebensweg zu schreiben. Erst das Argument, dass meine Handlungsweise und meine Überzeugungen, die in der Hauptstadt offenbar schwer vermittelbar sind, besser verstanden würden, wenn man mehr über meinen Weg bis ins Amt des Vorsitzenden der SPD erführe, hat mich dem Plan zustimmen lassen. Inzwischen handelt es sich auch um einen Weg aus dem Amt wieder hinaus. Da mein politisches, mein öffentliches Leben aber weitergeht, mag das trotzdem für manche Leserin und manchen Leser von Interesse sein. Es geht weiter, weil viele Sozialdemokratinnen und Sozialdemokraten daran glauben, zusammen und im wechselseitigen Vertrauen etwas für die Menschen erreichen zu können. Das schließt ein, dass man sich streitet, und es gebietet, dass man den durch Diskussion und Auseinandersetzung gefundenen und verabredeten Weg dann gemeinsam geht.

Politische Kämpfe in den eigenen Reihen und danach

mit den politischen Gegnern aus den anderen Parteien sind also selbstverständlich für eine geglückte Demokratie. Manche dieser Auseinandersetzungen gehen verloren, andere werden gewonnen. In der Demokratie geht es immer auch um Personen, darum, welche Frau, welcher Mann das Vertrauen der Mitstreiter hat, die gemeinsame Sache voranbringen zu können. Man wird durch Wahl berufen – und eben abberufen. Auch das gehört dazu: Dass man die Kraft hat, ein Amt auszuüben, und es hinzunehmen, nicht gewählt oder nicht wiedergewählt zu werden.

Als ich darum gebeten wurde, Bundesvorsitzender der SPD zu werden, waren wir in einer personellen und politischen Not. Franz Müntefering hatte in einer bestimmten Situation das Amt aufgegeben. Das habe ich verstanden und hätte in gleicher Lage genauso gehandelt. Matthias Platzeck, von dem wegen seines Alters und seiner Persönlichkeit alle glaubten, er werde für viele Jahre das Gesicht der SPD prägen können, musste auf ärztlichen Rat aufgeben. Als das geschah, hatte ich gerade in Rheinland-Pfalz die absolute Mehrheit gewonnen und galt deshalb als der erfolgreichste der fünf verbliebenen sozialdemokratischen Ministerpräsidenten. Es lag von daher nahe, mir den Vorsitz anzutragen.

Als junger Mann hatte ich die Geschichte unserer Partei gebüffelt. Da war es für mich eine Ehre und eine Pflicht, die Aufgabe anzunehmen. Als später eine Zeitung einmal »Bebel! Brandt! Beck!« titulierte, sollte es sicher auch meiner Eitelkeit schmeicheln, aber viel mehr spürte ich die historische Verpflichtung, die Sache gut zu machen, die da auf mich zugekommen war.

Zwar war mir immer klar, dass ich dieses Amt nicht ablehnen durfte – ich traute es mir auch durchaus zu –, aber natürlich war zu überlegen, was mein Plan und mein Projekt als Vorsitzender sein müsste. Gerhard Schröders Reformpolitik habe ich von Anfang an mitgetragen. Sie hatte aber für viele Menschen sowohl innerhalb als auch außerhalb der SPD emotionale Verletzungen und Enttäuschungen hervorgerufen. Es gab eine Kluft zwischen der vernünftigen Einsicht in die Notwendigkeit der Grundzüge dieser Politik und ihrer von Gefühlen und Traditionen getragenen Ablehnung. Das zusammenzuführen, war die wohl wichtigste Aufgabe. Dank meiner Erfahrungen und im Bewusstsein eines gewissen, oft erprobten Talents zum Ausgleich, schien mir das keine einfache, aber eine lösbare Aufgabe zu sein.

Die zweite Herausforderung bestand darin, sowohl auf konstruktive Weise die Verabredungen des Koalitionsvertrags zu erfüllen als auch das eigene Profil und die dominierende Rolle der SPD in der Großen Koalition zur Geltung zu bringen. Das kam mir schon deshalb als machbar vor, weil Franz Müntefering als Vizekanzler genau dasselbe Ziel hatte. Mir sollte zufallen, dabei zu helfen und die Legitimation der Partei für die notwendigen Entscheidungen herbeizuführen. Das ist auch gelungen, wie die Beispiele der in der SPD umstrittenen Unternehmenssteuerreform und der Reform der Bahn beweisen können.

Die dritte Herausforderung war, inhaltliche Perspektiven über den Horizont der Koalition in Berlin hinaus zu entwickeln. Auch das ist mit den Projekten Mindestlohn, Arbeitsversicherung, flexible Rentenübergänge und gerechte Steuer- und Abgabenpolitik weit gediehen.

Die vierte Baustelle musste die Auseinandersetzung mit der sich nach Westen ausdehnenden PDS sein, die sich später mit einer kleinen westdeutschen SPD-Abspaltung zur Partei Die Linke vereinigte. Viele hatten gehofft – auch ich –, man werde sie auf die Rolle einer ostdeutschen Regionalpartei eingrenzen können. Ich bin sicher, wir haben schon auf einer Konferenz in Mainz im Juli 2007 zu dieser Frage den richtigen Weg eingeschlagen, als wir beschlossen, die SPD werde wegen der Linken nicht ihre Politik ändern. Der Erfolg ist noch nicht da, aber er wird sich einstellen.

Um auch in Zukunft Wahlen gewinnen zu können, muss schließlich fünftens die SPD ihr Verhältnis zu den Gewerkschaften in Ordnung bringen, das sich durch einige der Sozialstaatsreformen fast schon in eine Gegnerschaft zu verwandeln drohte. Der DGB ist keine Partei. Das Prinzip der Einheitsgewerkschaft ist eine wichtige Lehre aus der Geschichte. Wenn aber die SPD die politischen Interessen der Arbeitnehmerinnen und Arbeitnehmer nach bestem Wissen und Gewissen vertreten und viel mehr berücksichtigen will als andere Parteien, kann das nicht gelingen, wenn die organisierten Arbeitnehmer in den Betrieben diese Interessen ganz anders definieren, als sie von uns politisch umgesetzt werden können. Im Dialog über unser Regierungshandeln und mit der Verabredung gemeinsamer Projekte haben wir neues Vertrauen gewonnen.

Zwei weitere Dinge waren zu erledigen. Eines relativ schnell, nämlich ein diesen Anforderungen und den veränderten Bedingungen entsprechendes neues Grundsatzprogramm zu erarbeiten: Das ist gelungen. Ein anderes würde über eine Reihe von Jahren betrieben werden müssen, nämlich das große Reservoir an politischen Talenten der SPD so in Stellung zu bringen, dass sie sich entfalten und die Parteiführung der nachfolgenden Generation herausbilden können. Diese Aufgabe kann ich nun nicht mehr in Angriff nehmen.

Im März 2008 ist mir ein schon oft eingestandener Fehler unterlaufen. Nach den Landtagswahlen in Hessen und Niedersachsen hatte sich herausgestellt, dass die Linke doch in die Landtage wichtiger westdeutscher Flächenländer einziehen konnte. Der eingeschlagene Weg der Ausgrenzung dieser Partei hatte nicht mehr funktioniert. Die Schlussfolgerung für unsere Strategie war für mich klar. Es ist dieselbe, die Willy Brandt angesichts der zu seiner Zeit neuen und chaotisch auftretenden Partei Die Grünen gezogen hatte: Die SPD darf sich weder durch Selbstbindung noch durch die Forderungen anderer Parteien einmauern und in ihrer Handlungsfähigkeit einschränken lassen. Es lag in der Verantwortung des Parteivorsitzenden, einen entsprechenden Strategiewechsel herbeizuführen, zu dem aber auch die anspruchsvolle Aufgabe gehörte, sich fortan offensiv in der Sache mit dieser Partei auseinanderzusetzen. Damit knüpfte ich auch an das Bild von der Mainzer Konferenz an, die SPD müsse ihre eigene Furche ziehen und andere hätten sich dazu zu verhalten.

So weit bin ich meiner Sache heute unverändert sicher. Geschadet hat es, diese Überlegung in einem Hintergrundgespräch mit Journalisten eine Woche vor der Hamburger Wahl anzudeuten. Die Hamburger SPD hatte ihren Wahlkampf gegenüber der Linkspartei darauf abgestellt, jede Art von Zusammenarbeit in der Bürgerschaft auszuschließen. Einige Journalisten suchten nach einem Weg, der vereinbarten Vertraulichkeit des Gesprächs zu entkommen, um die Neuigkeit doch vermelden zu können. So erfuhren sie – wie auch ich – aus Hessen, dass Andrea Ypsilanti die Bildung einer rot-grünen Landesregierung mit Tolerierung der Linkspartei schon in der ersten Landtagssitzung nach der Wahl für den 5. April vorbereiten würde. Das war eine atemberaubende Abwendung von den noch bis nach der

Landtagswahl bekräftigten Festlegungen. Von diesem Weg hatte ich abgeraten und erwartet, dem Vorschlag würde gefolgt werden.

Bis heute bin ich der Auffassung, dass Hessen wegen der vielen Risiken nicht der geeignete Ort ist, eine Zusammenarbeit mit der Linkspartei zu organisieren. Dass mindestens eine Landtagsabgeordnete diesen harten Kurswechsel nicht mitgehen wollte, unterstreicht die Richtigkeit meines damaligen Ratschlags. Der war nicht öffentlich erfolgt. Die Meldungen über meine strategischen Überlegungen wurden aber öffentlich: Die Hessen machen es mit der Linkspartei, hieß es, und Beck hätte diese »Öffnung« gebilligt. So wurde ich verantwortlich gemacht für die hessischen Entscheidungen – und hatte den Hamburger Wahlkampf zusätzlich belastet. Am Ende war das Ergebnis für Michael Naumann und die SPD in Hamburg nicht schlechter als die letzten bekannt gewordenen Umfragen. Aber in meiner Äußerung sah man die Ursache dafür, dass es auch nicht besser geworden war.

Es zeigte sich, dass insbesondere Peer Steinbrück meiner strategischen Überlegung nicht zu folgen bereit war. Er scheint bis heute der Meinung zu sein, eine prinzipielle Ausgrenzung der Linkspartei sei der richtige Weg, unabhängig von der politischen Ebene und davon, wie die Partei sich entwickelt. Franz Müntefering schrieb uns, der Fehler sei gemacht – er meinte die frühere Festlegung darauf, im Westen nicht mit der Linkspartei zusammenzuarbeiten, der er auch widersprochen hatte – und man solle, wenn schon, in Hessen gleich eine Koalition mit der Linkspartei eingehen. Es kam zu einer Krisensitzung der engeren Parteiführung mit dem vernünftigen Ergebnis, dass Koalitionen auf Landesebene von denen entschieden und verantwortet werden müssen, die sie eingehen, und dass die Hessen vor einem solchen Schritt ebenso die Möglichkeit einer Großen Koalition ernsthaft zu prüfen haben. Darauf einigten wir uns, und der Parteivorstand hat dies dann auch gegen eine Stimme beschlossen. In einem Punkt waren wir uns von vornherein einig: Eine Zusammenarbeit im Bund 2009 sollte mangels einer inhaltlichen Grundlage völlig ausgeschlossen bleiben. Der Verdacht der politischen Gegner, dass eine rechnerische Mehrheit immer eine politische werde, ist mit Blick in den derzeitigen Bundestag zu widerlegen. Dort gibt es rechnerisch eine Mehrheit aus SPD, Grünen und Linkspartei: Die vielen Angebote der Linkspartei, einen Sozialdemokraten zum Kanzler zu wählen, wurden und werden nicht angenommen.

In dieser Krise habe ich durch die Ankündigung einer richtigen Konsequenz zum falschen Zeitpunkt meine bis dahin vorhandene Chance eingebüßt, selbst als Spitzenkandidat der SPD in den Bundestagswahlkampf zu ziehen. Vermutlich wäre das aber auch geschehen, wenn der Zeitpunkt der Darlegung dieses Strategiewechsels ein günstigerer gewesen wäre. Die Betrachtung der Linkspartei als – trotz ihrer historischen Belastung – einen normalen politischen Konkurrenten weckt verständlicherweise bei vielen Sozialdemokraten Aversionen. Schließlich erinnern Ältere sich noch an die verleumderischen »Sozialfaschismus«-Kampagnen der KPD gegen die Sozialdemokratie und vor allem an die Zwangsvereinigung der SPD mit der KPD 1946 in der sowjetischen Besatzungszone mit der Folge der systematischen Verfolgung und Ausschaltung aller aufrechten Sozialdemokraten in der SBZ und der DDR. Die aktuellen Aussagen von Oskar Lafontaine, wonach es keine Zwangsvereinigung gegeben habe, sind eine böse Geschichtsklitterung, zumindest ein primitiver Versuch dazu. Viele Sozialdemokraten wurden in Ostdeutschland als politische Häftlinge in dieselben Lager und Gefängnisse gesperrt, in denen sie schon unter den Nazis gelitten hatten.

Mit der Entscheidung, dass die Landesverbände in eigener Verantwortung handeln und es im Bund 2009 keine Zusammenarbeit mit der Linken geben kann, gelang es mir im März 2008 noch einmal, mein Projekt der Einheit der SPD zu verwirklichen, wie es auch mit dem Hamburger Parteitag, mit dem Grundsatzprogramm und mit den Mehrheiten für Entscheidungen in der Koalitionsregierung gelungen war. Vor dem Hintergrund der Erfahrungen, die Johannes Rau mit einer viel zu frühen Kanzlerkandidatur machen musste, hielt ich daran fest, die Kanzlerfrage so spät wie möglich öffentlich zu beantworten. Selbst meinen engsten Mitarbeitern gab ich meine Entscheidung erst Anfang August 2008 bekannt.

Noch im selben Monat bat ich Frank-Walter Steinmeier darum, diese Aufgabe zu übernehmen. Er stimmte zu, wollte aber bis zur Veröffentlichung eine Woche Vorbereitungszeit für sich in Anspruch nehmen. Ich musste dieser Bitte selbstverständlich entsprechen, obwohl ich den Zeitpunkt für gekommen hielt, Partei und Öffentlichkeit Klarheit zu verschaffen. Ich dachte, der bayerischen SPD werde es im Landtagswahlkampf noch helfen können, wenn die öffentliche Meinung sich mit einer wiedergefundenen Geschlossenheit der Partei statt mit immer denselben falschen Behauptungen eines Linksrucks, der offenen Kandidatenfrage und den Quertreibereien aus der eigenen Partei zu befassen hätte. Durch die Zuspitzung der Lage in Georgien, mit der sich unser Außenminister zu befassen hatte, sowie den Sondergipfel der EU zu diesem Konflikt am 1. September 2008 musste die Bekanntgabe um eine weitere Woche verschoben werden. Die wurde allerdings genutzt, um die Entscheidung von Franz Müntefering, der nach der Pflege seiner inzwischen verstorbenen Frau und einer Zeit der Trauer wieder in die Öffentlichkeit treten wollte, zu besprechen. Peter Struck hatte zwar angesichts ständiger Fragen der Medien nach einer zukünftigen Rolle Münteferings ganz richtig erklärt, alle Positionen seien besetzt, Frank-Walter Steinmeier und ich waren uns aber einig, auf die Erfahrung Franz Münteferings vor allem als Wahlkämpfer im Interesse der gesamten Partei nicht verzichten zu wollen.

In einem langen Gespräch zu dritt am 4. September in Bonn hatten wir gemeinsam, ungeachtet bestehender Differenzen, die in diesem Buch eine Rolle spielen, eine Art von Zweckbündnis beschlossen, um trotz aller Unkenrufe und Sonntagsfragen einen Wahlsieg im September 2009 möglich zu machen. Die Kandidatenfrage war ohnehin intern geklärt. Angesichts vieler Spekulationen – die Würfel würden wohl für Steinmeier fallen –, wollten wir die Medien aber doch mit dem Zeitpunkt der Bekanntgabe des Kanzlerkandidaten überraschen. Also vereinbarten wir Stillschweigen. Wesentlicher Inhalt unserer internen Absprache am 4. September war, dass ein »Kanzlerteam« als politisch verantwortliche Wahlkampfleitung berufen werden sollte, das aus der engeren Parteiführung, wenigen weiteren Verantwortlichen aus der Landes- und Kommunalpolitik sowie Franz Müntefering bestehen und vom Kanzlerkandidaten und Parteivorsitzenden geleitet werden sollte. Ich selbst informierte am folgenden Tag den Generalsekretär Hubertus Heil darüber, und erst am kommenden Samstag, den 6. September, sollten Parteiführung, die sozialdemokratischen Kabinettsmitglieder wie auch Landesvorsitzende telefonisch einbezogen werden.

Ein kleiner Kreis von Mitarbeitern bereitete am Freitagnachmittag, den 5. September, diesen neuen Bestandteil einer schon lange am Schwielowsee bei Potsdam geplanten Klausursitzung vor. Unsere Hoffnung, nun die Einheit und Geschlossenheit der Partei nach einem langen Weg über den Hamburger Parteitag 2007, die Klärung unserer Strategie und Verhaltensweise gegenüber der Linkspartei, dem Konvent in Nürnberg im Mai 2008 mit der Vorstellung eines neuen, kleinere und mittlere Einkommen entlastenden Steuer- und Abgabenkonzepts zu vollenden, war groß, und die Vorfreude hatte zur freundschaftlichen auch eine fröhliche Stimmung erzeugt. Ich konnte davon ausgehen, dass die Querschläge gegen mich in Form verzerrender und falscher Bewertungen meiner Arbeit als Vorsitzender nun beendet würden. Bestimmte Medienurteile, die mich schon in meinem ersten Amtsjahr begleitet hatten und nach der Hessenwahl neu aufgeflammt waren, waren immer wieder aus der eigenen Partei befeuert und ermutigt worden. Über die Gründe meiner wenigen innerparteilichen Gegner könnte ich allenfalls spekulieren. Diese Art der Vergangenheitsbewältigung würde aber den nun eingeschlagenen Weg bis zur Bundestagswahl nur behindern.

Als am Samstagabend der Kreis der Eingeweihten immer größer wurde, sickerte die Entscheidung in der Kandidatenfrage erwartungsgemäß durch. Die Medien waren sich der Nachricht sicher und verbreiteten sie. Allerdings in einer merkwürdigen, der Wahrheit widersprechenden Kommentierung. Der *Spiegel* hatte so rechtzeitig Kenntnis erhalten, dass die nächste Ausgabe mit dem Aufmacher über die Kanzlerkandidatur erscheinen würde. Während ich versuchte, den früheren Parteichef Hans-Jochen Vogel zu erreichen und zu informieren, machten mich Mitarbeiter auf einen Artikel bei *Spiegel Online* aufmerksam, in dem es hieß, ich sei von Steinmeier bedrängt worden, die Entscheidung zu seinen Gunsten und zum jetzigen Zeitpunkt zu treffen. Auch andere Medien hatten diese Falschinformation. ARD und ZDF berichteten diese vermeintlichen Hintergründe mit großem Nachdruck und mit Einzelheiten, die neben Beteiligten auch auf Gerhard Schröder verwiesen. Es war also klar, die gezielten Angriffe auf mich und meine Arbeit würden nicht nur fortgesetzt, es kam nun der Verdacht eines Bruchs der Vertraulichkeit hinzu, den ich gegen das unmittelbare Umfeld der Beteiligten hege. Wer sonst außer den in die Absprachen Eingeweihten konnte sie so früh, dass es für die Drucklegung des *Spiegel* noch reichte, ausplaudern? Wer außer Eingeweihten konnte in der Lage sein, die vorbereitete Bekanntgabe mit einer Intonierung zu belasten, die den treibenden Vorsitzenden als einen bedrängten und getriebenen erscheinen ließ?

Recherchen bei Medienverantwortlichen ergaben, dass sie mit solchen Falschinformationen gezielt versorgt worden waren. Man ging so weit zu behaupten, dass Steinmeier und Müntefering nun das Kommando übernehmen und den Parteivorsitzenden nur dulden. Das zwang mich zur Auseinandersetzung mit der Frage, ob ich das Amt noch mit dem Ziel, die Partei zu einen, ausüben könne. Ich bin nach einer sehr nüchternen Überlegung zu dem Schluss gekommen, dass das nicht mehr möglich sein würde.

Solange mir diese Möglichkeit der Einigung noch gegeben war, habe ich die Angriffe auf meine Reputation ertragen. Es ging nicht um mich, sondern um die Chancen der SPD in der Zukunft. Von nun an würde ich aber den Anschein erwecken, um den Preis der Selbstverleugnung am Stuhl des Vorsitzenden zu kleben. Das ist nicht meine Art und hätte meiner Haltung, mich nicht verbiegen zu lassen, widersprochen.

In der Nacht war ich auf Bitten mehrerer Gesprächspartner zwar bereit, über meinen Entschluss zum Rücktritt noch einmal nachzudenken, am Sonntagmorgen jedoch stand er fest. Ich bat die engere Parteiführung und Peter Struck zu einer Beratung vor Beginn der Klausursitzung und erlebte mehrere, aber nicht überzeugende Versuche, mich umzustimmen. Ich bat Frank-Walter Steinmeier, zur Spitzenkandidatur auch den Vorsitz der Partei zu übernehmen. Er lehnte ab. Einen weiteren Personalvorschlag, den ich unterbreitete, akzeptierte die Runde nicht, unter anderem mit der Mutmaßung, auch in diesem Fall sei mit weiteren Querschlägen aus den eigenen Reihen zu rechnen. Schließlich wurde Franz Müntefering vorgeschlagen. Eine bittere Nacht und eine bittere Stunde für mich. Wenn es dem Erfolg der SPD und damit einem unverzichtbaren Stück Zusammenhalt der ganzen Gesellschaft nützt, will ich mich nicht lange damit aufhalten. Zu diesem Zweck hatte ich das Amt übernommen, wenn der Rücktritt demselben Zweck dient, bin ich mit mir selbst jedenfalls im Reinen.

Es gibt eine vorläufige Bilanz dieser zwei Jahre und knapp vier Monate, in denen ich als SPD-Vorsitzender gearbeitet habe. Das ist eine programmatische und auch strategische Grundlage, auf der meine Nachfolger aufbauen können: Sie umfasst zum einen ein wieder normales Verhältnis zu den Gewerkschaften. Zum anderen hoffe ich, es sind auch Grundlagen gelegt dafür, dass die Arbeitnehmerinnen und Arbeitnehmer uns wieder verstehen werden als die Partei, die sich mit ihrer Lebenswirklichkeit mindestens so sehr befasst wie mit den anderen Gruppen der Gesellschaft. Dazu gehört auch, was die Medien »Klärung unseres Verhältnisses zur Linkspartei« nennen. Wir ziehen unsere eigene Furche, definieren unsere eigene Politik und erwarten in zentralen Fragen der Außen-, der Europa-, der Wirtschafts- und auch der Sozialpolitik von der Linkspartei die Entwicklung programmatischer und realistischer Positionen. Solange die ausbleiben, gibt es im Bund keine Koalitionsmöglichkeit, auch nicht über 2009 hinaus. Nicht gelungen ist es, diejenigen, die den Hamburger Parteitag als eine Niederlage begriffen haben, in die Mehrheit zu integrieren. Ich will eigene Fehler dabei nicht leugnen. Aber am Ende bedarf es auch des Willens, sich integrieren zu lassen. Ich hoffe, dass diese Bereitschaft nun da ist. Sie ist eine Voraussetzung für neue Erfolge der deutschen Sozialdemokratie.

Mein Rücktritt als Parteivorsitzender ist in Rheinland-Pfalz mit Wut und großer Solidarität und der Erwartung registriert worden, dass ich meine Aufgaben im Land ohne andere Beanspruchungen weiter erfülle. Das werde ich in der vor uns liegenden Zeit tun. In diesem eher konservativen und mittelständischen Land ist noch niemand auf die Idee gekommen, ich sei ein »Linker«. Ich will ein gerechtes Bildungssystem, das Begabungen fördert und jedem Aufstiegschancen bietet – mit früher Förderung und ohne Gebühren. Ich will konkrete Wachstumspolitik für ausreichenden Wohlstand und genügend Arbeitsplätze, Mitarbeiterbeteiligung, Tariftreue, Kündigungsschutz und Mitbestimmung. Ich will, dass wir insgesamt ökologisch verantwortlich handeln, im Alter aktiv bleiben und selbstbestimmt leben können. Ich will Führung durch Dialog und Vertrauen, Mehrheitsbildung ohne Zurücksetzung oder gar Demütigung unterlegener Minderheiten oder Einzelpersonen. Ich will, dass Absprachen und Zusagen verlässlich eingehalten werden. Das ist nicht links im Sinne eines Flügels der SPD oder im Wolkenkuckucksheim der Linkspartei. Das ist einfach sozialdemokratisch. Nahe bei den Menschen, wie es viele Sozialdemokratinnen und Sozialdemokraten und viele Menschen darüber hinaus auch wollen – so werde ich auch in Zukunft handeln.

1 KIND DER NACHKRIEGSZEIT

Zu Hause inmitten von Ruinen

Früh um fünf Uhr klingelte bei uns zu Hause immer der Wecker. Für meine Eltern begann der Tag stets sehr zeitig. Meine Mutter zündete das Feuer im Herd an und setzte Wasser auf. Das hatten wir abends vorher am Brunnen geholt, denn Leitungen gab es nach dem Krieg längst nicht überall. Während mein Vater sich rasierte – nass natürlich –, zog langsam der Kaffeeduft durchs Haus. Für ein gemütliches Frühstück blieb aber keine Zeit. Mein Vater nahm entweder den Frühzug nach Karlsruhe oder sonst irgendwohin oder fuhr mit dem Fahrrad zwanzig Kilometer, manchmal auch mehr, zu der Baustelle, auf der er gerade als Maurer arbeitete.

Wenn er abends zurückkam, wurde immer noch irgendwo irgendetwas gebaut. Oskar Beck war als Maurer begehrt. Aufzubauen gab es in unserem zerstörten Dorf schließlich genug. Ein Schuppen, eine Hauswand bekam dann noch zwei oder drei Reihen Steine aufgesetzt. 70 Prozent der Häuser in Steinfeld, jenem Ort, in dem ich groß geworden bin, waren nach Kriegsende total zerstört. Der Rest schwer beschädigt.

Die gesamte Südpfalz erlebte die Nazi-Herrschaft und die anschließende Besatzung von der schlimmsten Seite. Denn Hitler und seine Truppen hatten hier ihren Westwall durchgezogen. Bunkeranlagen, Gräben – bis zu fünfundzwanzig Meter breit – und Kanonenstellungen zogen sich mitten durchs Dorf. Häuser waren ohne Rücksicht auf ihre Einwohner abgerissen und der Kirchturm von Sankt Leodegar in Steinfeld war gesprengt worden, damit er den Alliierten nicht als Artilleriebeobachtungspunkt dienen konnte. Später wurden mehr und mehr Bomben abgeworfen, weil die Bahnlinie nach Frankreich am Ort vorbeiführte. Nach der Invasion in der Normandie nahmen die Amerikaner das gesamte Gebiet unter Feuer, weil noch ein kläglicher Rest des sogenannten Volkssturms aktiv war. Selbst mein Großvater, der als Folge einer Gasvergiftung aus dem Ersten Weltkrieg nur einen Lungenflügel hatte und kaum laufen konnte, musste bei dieser Truppe antreten, die Hitler 1944 noch mobilisierte. Das, was von Steinfeld übrig geblieben war, wurde in den letzten Kriegstagen in Schutt und Asche gelegt.

Die Bilder einer verwüsteten Landschaft habe ich noch im Kopf. Darum ist mir als Angehöriger der Nachkriegsgeneration sehr bewusst, dass wir die Erinnerung an die Zeit wachhalten müssen, in der ein Diktator unser Land führte. Nicht in dem Sinn, dass unsere Kinder und Enkel von Schuld und Gram gebeugt durchs Leben gehen. Wohl aber mit dem Ziel, politischem und ideologischem Fanatismus nie wieder eine Chance zu eröffnen. Aus der Geschichte zu lernen heißt, den Wert der Demokratie zu vermitteln und jeder Art von Extremismus die Stirn zu bieten.

Mein Vater war mit siebzehn Jahren zum Militär eingezogen worden. Er wurde verwundet und kehrte erst 1946 aus amerikanischer Kriegsgefangenschaft zurück. Nach der Ankunft in seiner Heimat begann er, für die Familie ein Dach über dem Kopf zu bauen. Im Nachbarort Kapsweiher errichtete er aus den zerbombten und von Granaten zerlegten Gebäuden und Scheunen ein kleines Haus für seine Eltern. Zudem sorgte er für einen Stall, damit das wenige Vieh, das den Krieg überlebt hatte, untergestellt werden konnte. Den Großeltern mütterlicherseits mauerte er ebenfalls eine neue Bleibe.

Es ist diese Aufbauleistung der Generation meiner Eltern und Großeltern, die mich immer noch mit großem Respekt erfüllt. Da wurde nicht viel geredet oder gar lamentiert. Da wurde geschafft. Mit immenser Energie haben diese schwer geprüften Menschen aus Ruinen wieder schöne und ansehnliche Dörfer gemacht. Von daher ist es nur gut, wenn sie heute in weiten Teilen zu jenen Ruheständlern gehören, die ein gutes Auskommen haben. Nach den Entbehrungen in der Jugend und der enormen Aufbauleistung hat diese Altersgruppe das mehr als verdient. Mit Blick auf Gegenwart und Zukunft muss es uns allerdings Ansporn sein, Altersarmut zu mindern, besser noch ganz zu vermeiden. Das gelingt nur über einen funktionsfähigen Sozialstaat und über die Solidarität der Generationen.

Die Menschen haben in früheren Zeiten viel selbstverständlicher Solidarität gelebt, als wir es heute tun. Jeder packte nach dem Krieg mit an. Nachbarschaftshilfe musste nicht groß organisiert werden, sondern war selbstverständlich. Das Gefühl, für andere da sein zu müssen, wenn sie Hilfe brauchen, hat sich mir von Kindheit an eingeprägt. Schließlich bin ich, 1949 geboren, in dieser Welt des Aufbaus und der Knappheit aufgewachsen. Ich kann gut nachempfinden, was es bedeutet, nicht viel zum Leben zu haben. Wir litten zu Hause keine Not. Aber es wurde jeder Pfennig umgedreht.

Damit wir über die Runden kamen, arbeitete auch meine Mutter. Niemand stellte damals die heute richtige Frage nach der Vereinbarkeit von Familie und Beruf. Die Not zwang dazu, dass jeder mit anpackte. Und wer nicht gerade einen Säugling zu versorgen hatte, war auch außerhalb der eigenen Wohnung im Einsatz. Also: Meine Mutter, Johanna Beck, und andere Frauen gingen damals in den Forst und leisteten dort einen Knochenjob. Sie forsteten die Wälder wieder auf, die zum größten Teil als Reparationszahlungen an die Franzosen abgeholzt worden waren. Zwischen den Baumwurzeln Gräben zu ziehen, in die die jungen Pflanzen gesetzt werden konnten, hat sie körperlich hart mitgenommen. Trotzdem: Ich kann mich nicht erinnern, dass meine Mutter darüber geklagt hätte.

Unterdessen versorgte mich meine Großmutter. Sie hat mich sehr geprägt, denn ihre Lebensleistung beeindruckte mich schon als Kind. Sie war wie alle meine Großeltern in einer Bauernfamilie groß geworden, hatte da natürlich gelernt, dass jeder mithelfen musste. Ihr Mann, der mit den Folgen der Gasvergiftung aus dem Ersten Weltkrieg für den Rest seines Lebens zu kämpfen hatte, war am Ende seines Lebens siebzehn Jahre lang bettlägerig. Während all der Zeit hat meine Großmutter ihn zu Hause gepflegt. Auf Unterstützung von außen konnte sie dabei nur wenig zählen, denn es gab nur eine Krankenschwester im Ort. Während sie also ihren Mann pflegte und meinen Cousin Herbert, meine Cousine Hildegard, die Kinder von Tante Paula, der Schwester meiner Mutter, und mich großzog, betrieb sie noch eine kleine Landwirtschaft, denn die Rente war äußerst schmal.

Meine Großmutter hat sich nie beklagt. Es wurde nie in Zweifel gezogen, dass man sich intensiv um die Familie kümmerte. Vor dem Hintergrund dieser Erfahrung erschreckt es mich, mit welcher Gefühlskälte heute teilweise über den Umgang mit der älteren Generation diskutiert wird. Zum Inbegriff dieser irregeleiteten Debatte sind die künstlichen Hüftgelenke geworden, die ab einem gewissen Alter den Menschen nicht mehr zukommen sollten. Auswüchse in diese Richtung gibt es gerade bei den Jugendorganisationen von Union und Freien Demokraten immer wieder. Da wird fabuliert, die Älteren sollten mit Rücksicht auf die nachfolgenden Generationen Verzicht üben. Dass sie aber bis zum Alter von siebzig und mehr arbeiten sollen, wird schlichtweg vorausgesetzt. Eine solche Haltung ist erschreckend. Wir brauchen keine kühlen Ratschläge und Forderungen, sondern Respekt füreinander in allen Generationen.

Mit Kiepe und Sesel

In meiner Jugend war es nicht nur normal, dass die Älteren hart arbeiteten. Auch wir Kinder mussten je nach Kraft und Alter bei größeren und kleineren Tätigkeiten die Erwachsenen unterstützen. Etwa bei der Weinlese im Herbst bin ich immer mitgegangen, mit meiner Mutter, ihrer Schwester, meiner Tante Paula, Herbert und Hildegard. Während heute in flachen Lagen die Trauben fast alle mit dem Vollernter eingeholt werden, haben wir damals von Hand geerntet. Bei jüngeren Reben wurden die Früchte mit einer Schere abgeschnitten, bei den meisten aber mit einem Sesel, einem gebogenen Messer. Manchmal hat man sich damit in den Finger geritzt, es aber erst abends zu Hause bemerkt, weil die Hände vom Traubensaft völlig verklebt waren.

Bei schönem Wetter konnte die Arbeit in den Weinbergen mit der Kiepe auf dem Rücken richtig Spaß machen. Dann war die Stimmung bei den Leuten gut. Wenn es aber regnete, war es schrecklich. Dann lief das Wasser aus den

Rebstöcken in die Ärmel, und schon bald war alles klamm und kalt.

Am meisten aber hasste ich das Blaubeerensammeln. Wenn mein Vater Ende Juli, Anfang August sonntags ankündigte, dass wir in den Wald gehen würden, um Beeren zu suchen, wünschte ich mir immer, der Blitz würde dort einschlagen. Das ständige Bücken, die Mücken und Schnaken und die blauen, klebrigen Finger waren mir ein Gräuel. Ich empfand diese Ausflüge immer als Tortur. Aber es gab kein Pardon. Ich musste mithelfen. Einen Teil der gesammelten Blaubeeren verkauften wir sofort am Waldrand an die dort wartenden Obsthändler. Von dem Rest kochten Mutter und Großmutter Marmelade. Oder sie hielten sie kühl in der Speisekammer und buken am darauffolgenden Samstag Kuchen. Ich werde nie vergessen, dass es bei uns zu Hause an diesem Tag immer nach frisch Gebackenem duftete. Essen durften wir davon aber erst sonntags.

Wenn die Blaubeerzeit vorüber war, ging es mit der Arbeit für uns Kinder weiter. Die Bauern in unserer Umgebung suchten Leute für die Ernte. Fast alle Schüler aus dem Dorf gingen nach dem Unterricht aufs Feld und halfen dort bis abends mit. Das Herausziehen der Zuckerrüben war eine der schwierigsten und unangenehmsten Angelegenheiten. Ein Acker, so weit man blicken konnte, und man kroch auf den Knien nur langsam auf diesem vorwärts. Es schien niemals ein Ende in Sicht, und der Tag zog sich endlos dahin. Ganz angenehm fand ich dagegen das Hopfenzupfen bei den Bauern in Bergzabern. Für einen Korb voll Hopfen gab es 50 Pfennig. Das war vergleichsweise viel. Ein Korb Mais brachte nämlich nur einen Groschen. Am Ende solcher Tage hatte man zwei, drei Mark verdient – manchmal, je nach Einsatz, auch nur ein paar Groschen. Immerhin bekamen wir auch etwas zu essen. Hin und wieder durften wir ein paar Pfennige von dem behalten, was wir ausgezahlt bekommen hatten; das meiste aber ging an die Eltern.

Wenn so ein Job erledigt war, hatten wir wieder ein paar Tage frei, es sei denn, wir mussten zu Hause Bohnen brechen, was ich schrecklich langweilig fand. Aber jeder besaß damals einen kleinen Garten und versuchte, so viel wie möglich an Gemüse und Obst selbst zu ziehen.

Aus heutiger Sicht ist solch ein regelmäßiger und durchaus anstrengender Einsatz von Kindern undenkbar. Damals aber war er selbstverständlich, und wir haben es auch so empfunden. Niemand kam auf die Idee, sich zu beklagen. Denn zwischendurch gab es immer wieder einmal die Gelegenheit, Reißaus zu nehmen und uns für eine Weile zu verdrücken. Wir spielten in diesen freien Stunden, was alle Kinder spielen: Fangen oder Verstecken. Am liebsten aber kletterten wir auf den Anhängern der Bauern herum.

Oder wir verschwanden in den alten Bunkeranlagen. Die waren der reinste Abenteuerspielplatz, aber auch höchst gefährlich. Wenn mein Sohn dort hätte spielen wollen, ich hätte mich zu Tode geängstigt. Die Betondecken der Bunker ragten teilweise zehn, fünfzehn Meter senkrecht in die Luft. Sie waren beim Sprengen nicht auseinandergeflogen, sondern hatten sich aufgestellt. Diese steilen Schrägen kletterten wir hoch. Nicht selten holten wir uns ordentliche Kratzer an den Eisenstangen oder Splittern, die überall herausragten. Schulkameraden von mir sind in diesen Bunkeranlagen leider ums Leben gekommen beziehungsweise schwer verletzt worden. Sie hatten Munition gefunden und damit gespielt – bis sie explodierte. Seltsamerweise schreckte uns diese Erfahrung nicht davon ab, immer wieder in diese verlassene Steinstadt zu steigen.

Nicht selten war ich allein unterwegs. In den unteren Stockwerken sammelte sich häufig das Wasser, es war düster und unheimlich. Natürlich hatte ich Angst, aber die Neugier war größer – und vor allem der Wunsch, etwas Interessantes zu finden. Zum einen, um Eisen oder andere Dinge beim Schrotthändler für ein paar Groschen verkaufen zu können, zum anderen deswegen, um damit Eindruck bei den Klassenkameraden machen zu können.

Leben als Außenseiter

Ich hatte unter Gleichaltrigen einen nicht einfachen Stand. Das hing mit meiner Hauterkrankung zusammen. Per Kaiserschnitt bin ich auf die Welt gekommen, und während der Operation ist im Krankenhaus von Bergzabern die Notstromanlage ausgefallen. Die Ärzte mussten bei Gaslicht weitermachen, dabei sind offensichtlich Fehler unterlaufen. Meine Mutter konnte in der Folge keine Kinder mehr bekommen. Bei mir stellte sich eine Infektion ein, die zu dem führte, was man heute eine hochgradige Neurodermitis nennen würde. Damals kannte man weder eine genaue Diagnose noch wirksame Behandlungsmethoden.

Wenn ich an meine Kindheit denke, fällt mir sofort das elendige Jucken ein. Morgens mussten mir die Wunden mit Kernseife ausgewaschen werden. Da habe ich jedes Mal geschrien vor Schmerzen. Es gab zwar eine Salbe, die den Juckreiz mildern sollte. Sie wirkte aber mehr schlecht als recht, sodass ich doch wieder an den betroffenen Hautstellen gekratzt habe, was zu neuen Entzündungen führte. Ständig haben diese Partien geblutet, vor allem an den Gelenken, an den Händen und im Nacken, weil dort überall die Krusten aufplatzten. Oft ist mir das Blut an den Beinen hinunter in die Schuhe gelaufen. Ich habe wirklich gelitten – nicht nur an den körperlichen Schmerzen, sondern auch, weil mir das Ganze peinlich und lästig war.

Wenn die Medizin in ihren damaligen Behandlungsmethoden längst nicht so weit war, so rechne ich den Ärzten dennoch hoch an, dass ich keine Narben zurückbehalten habe. Das hatte allerdings seinen Preis. Zweimal wurde mir die Oberhaut abgeschält. Heute würde man ein Kind mit solchen Belastungen – völlig zu Recht – umfassend betreuen, nicht nur medizinisch, sondern auch psychologisch, damit es lernt, mit derartigen Extremsituationen umzugehen. Meine Eltern und ich waren damals weitgehend auf uns allein gestellt. Rücksicht war nicht zu erwarten. Im Gegenteil. Ich erfuhr, was es bedeutet, ein Außenseiter zu sein.

Ich erinnere mich gut an die Zeit nach der Erstkommunion, als ich neun, zehn Jahre alt war. Da wurden alle Jungen aus meinem Jahrgang vom Pfarrer zum Ministrantenunterricht eingeladen. Zu mir sagte er: »Du brauchst nicht zu kommen.« Eine Erklärung gab es nicht, aber ich habe natürlich geahnt, dass mein Aussehen eine Rolle spielte: Ich war mit Krusten übersät, hatte keine Augenbrauen. Oft genug wurde ich deswegen gehänselt.

Ein Jahr später kam ein neuer Geistlicher in unsere Gemeinde, der sich wunderte, warum ich nicht bei den Messdienern war. Als ich ihm die Geschichte mit dem früheren Pfarrer erzählte, sagte er, dass er mich zu Ostern einführen wolle. Als »Lohn« für diesen Einstieg sollte ich den Platz vor der Kirche in Ordnung bringen. Ich hockte also da, zupfte Unkraut aus den Fugen der Steinplatten, die mein Vater alle ehrenamtlich verlegt hatte. Mitten in meiner Tätigkeit trat der neue Pfarrer auf mich zu und erklärte mir, mit dem Ministrieren klappe es nun doch nicht. Ich war wie vom Donner gerührt und schrecklich enttäuscht. Schließlich hatte ich gehofft, endlich dazuzugehören. Die Messdiener hatten ihre Gruppennachmittage, erhielten vom Pastor einen Fußball geschenkt, machten Ausflüge – und ich war nie dabei. Eine Begründung bekam ich auch diesmal nicht. Als meine Mutter schließlich nachfragte, sagte der Geistliche, es hätten sich die Eltern anderer Kinder beschwert. Sie seien in Sorge, ihre Söhne könnten ein Gewand tragen, das ich zuvor anhatte, und sich so mit meiner Hautkrankheit anstecken. Dabei war sie überhaupt nicht übertragbar.

So etwas macht man nicht mit Menschen, mit Kindern schon gar nicht. Zum Glück ist man heute vielfach sensibler und würde sicher, so hoffe ich, praktikable Lösungen finden, um derartige Diskriminierungen zu vermeiden. Es war klar, dass ich die Kirchgänge fortan nur schrecklich fand. Bei den großen Festgottesdiensten waren die meisten meiner Klassenkameraden am Altar im Einsatz – und ich saß bei den Jüngeren in der Kirchenbank. Es ist schon sehr frustrierend, wenn man sich allein fühlt.

Diese Erfahrung hat sich tief in mir eingegraben. Ich hatte zunächst eine tiefe Abneigung gegen die Kirche entwickelt. Nicht gegenüber Gott und dem Glauben. Das war mir immer wichtig. Aber mit dem, was man heute Amtskirche nennt, wollte ich lange nichts zu tun haben. Das hat sich im Lauf der Jahre gelegt, weil mir klar wurde, dass ich nicht eine ganze Institution für die Fehler Einzelner verantwortlich machen konnte. Als Kind und Jugendlicher aber empfand ich eine große Distanz zu allem, was in unserer Kirche geschah.

Diese Zeit war für meine gesamte persönliche Entwicklung sehr nachhaltig. Ich habe gelernt einzustecken und trotzdem nicht aufzugeben, nicht den Glauben an mich zu verlieren. Wenn man zu einem Außenseiterdasein gezwungen wird, hat man zwei Möglichkeiten: Entweder man igelt sich ein und resigniert oder man engagiert sich und versucht, gegen derartiges Unrecht aufzustehen. Ich bin froh und dankbar, dass es mir gelungen ist, den zweiten Weg zu gehen. So habe ich diese Kindheitserfahrungen schließlich in positive Bahnen lenken können. Heute kann ich in meinem Beruf etwas gegen Ungerechtigkeit tun.

Als mir vor etwa drei Jahren beispielsweise berichtet wurde, in Ganztagsschulen und -kindergärten in Rheinland-Pfalz würden einige Kinder nicht am Mittagessen teilnehmen, weil die Eltern es nicht bezahlen könnten, ist bei mir die Erinnerung an meine eigene Ausgrenzung wach geworden. Ich habe sofort entschieden, dass in diesen Fällen das Land die Kosten für die Mahlzeiten trägt. Wenn ich für so etwas als Politiker keine Mittel mehr zur Verfügung hätte, würde ich mit dieser Arbeit lieber aufhören.

Der Benachteiligung von Kindern ausländischer Herkunft muss – wenn auch auf anderer Ebene – ähnlich entgegengewirkt werden. Wir müssen alles daransetzen, dass sie Deutsch lernen. Nur dann gehören sie wirklich dazu und haben die Chance, einen Beruf zu erlernen, den Lebensunterhalt selbst zu verdienen und Anerkennung in dieser Gesellschaft zu erlangen.

Für mich besserte sich die Lage grundlegend mit der Pubertät. Da hatte ich die Hautkrankheit überwunden. Mit Beginn der Lehre stellten sich bei mir endlich die Erfolgserlebnisse ein. Ich war gut in meinem Job. Außerdem war ich als Sportler angesehen. Ich habe viel Fußball gespielt, zum Beispiel in der Bundeswehr-Nachwuchsmannschaft. Rennen, kämpfen, sich messen und mit der Mannschaft auf den Erfolg hinarbeiten – das machte mir Spaß. Ich war als Jugendlicher weiterhin ein guter Leichtathlet, ein hervorragender Sprinter. So fand ich Bestätigung und Anerkennung.

Es ist entscheidend, das Gefühl zu haben, respektiert und akzeptiert zu werden. Das kann man auf vielfältige Art erreichen – indem man ein besonderes Talent hat und es nutzt, indem man seine Arbeit hervorragend macht, sich für eine Sache oder für andere engagiert oder indem man ein liebenswürdiger Mensch ist.

Mein Vater, mein Vorbild

Nicht wenig in meinem Leben habe ich von meinem Vater gelernt. Er war ein solider Handwerker, der von vielen für seine Fertigkeiten geschätzt wurde. Wenn er mit mir nach Landau fuhr oder gar nach Kaiserslautern und mir Häuser zeigte, die er mit gebaut hatte, war ich mächtig stolz auf ihn. Von meinem Vater habe ich mitbekommen, dass man Verantwortung übernehmen muss. Dass man Aufgaben, für die man sich entschieden hat, auch gut erledigen soll. »Man macht seine Arbeit ordentlich«, ist ein Satz von ihm, der mich nicht mehr loslässt.

Als Kind ist mir dieses Pflichtbewusstsein oft auf die Nerven gegangen. Da hatte ich stundenlang auf den Baustellen geholfen, Speis angerührt und ihn anschließend in die Schubkarren geschaufelt, bis die Arme lahm waren, und danach kam noch der Auftrag, das Maurerwerkzeug sauber zu machen. Ich entschied mich dazu, eine Gießkanne voll Wasser darüberzugießen, und gut war's – dachte ich. Doch mein Vater pfiff mich zurück. Kelle, Schaufel, Eimer, alles musste sauber abgewaschen werden. Damals habe ich oft leise in mich hineingeschimpft. Heute weiß ich, wie wichtig diese Erfahrung war: Was man anfängt, bringt man mit Anstand zu Ende.

Ähnliches gilt für die politische Arbeit. Von meinem Elternhaus habe ich den Weg in die Politik allerdings nicht vorgezeichnet bekommen. Was damals in Bonn geschah, war für meine Familie weit weg. Mein Vater verhielt sich wie viele seines Alters, die ihre Jugend beim Arbeitsdienst, im Krieg und in der Gefangenschaft hatten verbringen müssen: »Lasst mich in Ruhe damit«, wehrte er immer ab. Gespräche oder gar heftige Auseinandersetzungen über politische Themen gab es bei uns zu Hause nicht. Allerdings war mein Vater ein überzeugter Gewerkschafter und lange Jahre Mitglied in der IG Bau gewesen.

Durch diese Tatsache ist mir seit frühester Jugend bewusst, dass man sich organisieren muss, um seine Rechte durchzusetzen. Den Kampf um gerechte Löhne, humane Arbeitsbedingungen oder Mitbestimmung konnte und kann kein Arbeiter allein gewinnen. Und klar war, dass meine Familie und ich zur Gruppe der Arbeiter gehörten. Bei uns im Dorf existierte durchaus eine Zwei-Klassen-Gesellschaft. Da waren einerseits die wohlhabenden Bauern, die schon immer großen Landbesitz in der Familie hatten und es auch im Zuge der Flurbereinigung nach dem Krieg schafften, sich die großen Flächen nahe beim Dorf zu sichern. Andererseits gab es die Kleinbauern, deren Äcker kilometerweit vom Ort entfernt lagen, sowie die kleinen Handwerker und Arbeiter. Zu diesem Kleinbürgertum gehörten die Becks.

Der Traum vom All

Diese Zuordnung zum Kleinbürgertum war ein entscheidender Grund, warum nie zur Debatte stand, dass ich auf ein Gymnasium hätte gehen sollen. Bei den meisten Schulfreunden war das ebenso. Ich kann mich nur an zwei Klassenkameraden erinnern, die das Internat besuchten – der Sohn eines Arztes und die Tochter eines Möbelfabrikanten. Die Grundeinstellung der überwiegenden Mehrheit im Dorf lautete damals: Die Jungen sollen einen anständigen Beruf erlernen und die Mädchen heiraten und haben im Haus mitzuarbeiten. Meine Frau erzählt, dass sie heftig darum kämpfen musste, einen Beruf erlernen zu können. Ihre Eltern besaßen eine kleine Landwirtschaft. Da sollte sie helfen, hieß es. Allenfalls wollten sie ihr zugestehen, zusätzlich ein bisschen Hauswirtschaft zu lernen. Das wurde als völlig ausreichend angesehen.

Doch abgesehen von der Grundeinstellung der meisten Dorfbewohner: Es wäre auch ein nicht zu bewältigender Kostenpunkt gewesen, ein Gymnasium zu besuchen. Es gab keine Lehrer, die sich für die Schüler eingesetzt, sie besonders gefördert oder gar von sich aus vorgeschlagen hätten, der- oder diejenige sollte auf eine weiterführende Schule gehen. So weit dachten die meisten in Steinfeld zu meiner Jugendzeit nicht.

In den ersten Monaten nach der Einschulung hat uns eine Ordensschwester in allen Fächern unterwiesen. Anschließend fand der Unterricht für die Schüler der zweiten, dritten und vierten Klasse in einem Raum statt. Ebenso saßen die des fünften und sechsten wie die des siebten und achten Schuljahrs in einer Klasse zusammen. Die Lehrer waren sicher nicht schlecht, und ich will ihnen schon gar nicht mangelnden Willen unterstellen. Aber angesichts dieser Verhältnisse war es überhaupt nicht möglich, sich auf einzelne Schüler einzulassen. Da konnte niemand angeregt werden, besonders kreativ zu sein. Stets wurden zwei Unterrichtsstoffe parallel vermittelt – die einen mussten schriftlich arbeiten, die anderen mündlich. Bei einem solchen Vorgehen funktionierte es lediglich, das in die Köpfe zu pauken, was an Grundwissen unbedingt erforderlich war.

Ich selbst war eher ein leidlicher Schüler, was wohl auch damit zusammenhing, dass meine Hautkrankheit einen Großteil meiner Kraft verschlungen hat. Am liebsten waren mir Fächer wie Geschichte und Erdkunde. Vielleicht lag das daran, dass ich dabei meiner Fantasie freien Lauf lassen konnte. Mein absolutes Lieblingsfach aber war Musik.

In Steinfeld gab es seit langem den Musikverein Concordia. Irgendwann suchte er Nachwuchs für seine Jugendkapelle, und meine Eltern meinten, das wäre doch sicher etwas für mich. Mein drei Jahre älterer Cousin Herbert war schon länger dabei und ganz angetan. Er zog mich mit und begeisterte mich für das Klarinettespielen.

Wir übten viel und spielten genauso viel falsch, doch hat mir das Musizieren in der Gruppe stets große Freude bereitet. Das Repertoire war breit – Volksmusik, manchmal konzertante Werke, oft auch Schlager. Noch lange gehörte ich der Jugendkapelle an, selbst zu jener Zeit, als ich schon bei den Älteren im Musikverein engagiert und im Beruf war. Einige von uns sind hin und wieder bei Festen als Band aufgetreten. Das machte nicht nur Spaß, sondern brachte nebenbei noch ein paar Mark. Für einen Abend bekamen wir manchmal zwanzig Mark. Die Getränke gratis. Das lohnte sich.

Aus dieser Erfahrung weiß ich, wie wichtig es ist, wenn

Kinder Musik machen. Deshalb ist es nur unterstützenswert, wenn heute in den Schulen auf Kreativität viel Wert gelegt wird, wenn in den Städten und Gemeinden Musikschulen gefördert werden und auf diese Weise das Spielen eines Instruments für eine große Anzahl von Jungen und Mädchen möglich wird. Das stärkt das Selbstbewusstsein, fördert den Gemeinsinn, wenn es in der Gruppe geschieht, und ist im Idealfall eine bleibende Leidenschaft. Ich besitze meine Klarinette noch immer. Leider habe ich so gut wie keine Zeit, um auf ihr zu üben. Und Übung ist gerade bei einem Holzblasinstrument von entscheidender Bedeutung. Man muss mit einem richtigen Ansatz die Schwingungen bestmöglich auf das Holzblatt am Mundstück bringen. Ich bin mir aber sicher: Wenn ich mich dransetzen und Zeit ins Spiel investieren würde, ich könnte mich wieder hören lassen.

Ein anderes Hobby war für mich das Lesen. Ich liebte damals Jules Vernes und Perry Rhodan. Vielleicht lag es daran, dass es bei uns in der Schul- und Pfarrbücherei nicht viel anderes gab, was mich interessierte. Vielleicht war es aber auch die Sehnsucht nach Abenteuern, nach einer Welt, die aufregender war als die von Steinfeld. Jedenfalls habe ich als Junge Science-Fiction-Romane verschlungen. Die Ordensschwester, die beide Büchereien leitete, steckte mir, wenn ich auftauchte, sofort die Neuerwerbungen zu. Alles andere kannte ich ja schon. Wenn ich zu Weihnachten ein Buch geschenkt bekam, tauschte ich es, wenn ich es ausgelesen hatte, gegen ein anderes. Viel Geld für Bücher hatten wir ja nicht.

Ich weiß nicht mehr, ob es an Jules Vernes und Perry Rhodan lag oder an der Übertragung der russischen Sputnikmission Ende der fünfziger Jahre – wir saßen damals alle vor dem Radio und waren begeistert davon, dass man angeblich ein Piepen aus dem Weltraum hörte. Jedenfalls wollte ich als Elf-, Zwölfjähriger nur eines werden: Astronaut.

Doch für allzu hochgesteckte Ziele oder gar als Startrampe ins All und in die Schwerelosigkeit war meine Heimat damals nicht geschaffen. Im Gegenteil. Wenn ich an meine Kindheit und Jugend denke, werden in mir neben vielen schönen Erinnerungen auch Beklemmungen wach. Es war schon sehr eng in Steinfeld in den fünfziger, sechziger Jahren, wie überhaupt in der gesamten Pfalz.

Es herrschte ein sehr fest gefügtes Weltbild vor, geprägt von einem strengen Katholizismus von beinahe pietistischer Moralität und einer fast schon ängstlichen Obrigkeitsgläubigkeit. Als ich das zum ersten Mal wahrnahm, ohne dass mir die Hintergründe bewusst wurden, ging es um die Debatte über die Wiederbewaffnung in den fünfziger Jahren. Ich war damals ein kleiner Junge von etwa sechs Jahren, verstand nichts von den Argumenten dafür oder dagegen.

Aber ich weiß noch, dass Max Seither in unser Dorf kam. Er war der südpfälzische SPD-Kandidat für die Bundestagswahlen. Später habe ich ihn näher kennengelernt und sehr geschätzt. Er war ein Gegner der Nationalsozialisten und im Krieg schwer verletzt worden. Deshalb stand er allem Militärischen mit großer Ablehnung gegenüber. Bei uns auf dem Dorfplatz jedenfalls ließ er abends, als es dunkel wurde, einen Film vorführen – gegen die Wiederbewaffnung, wie es damals der SPD-Linie entsprach. Dagegen machte der Ortsbürgermeister massiv Front. Ich habe noch vor Augen, wie er schrie, wie er Seither als Gauner und vaterlandslosen Gesellen beschimpfte. Und die Zuhörer rundherum haben gejubelt. Mich hat das enorm gestört. Es war so einfach für die Mehrheit, seine zwei, drei Begleiter niederzubrüllen, anstatt sich inhaltlich mit ihnen auseinanderzusetzen. Im Lauf der Jahre wurde mir immer klarer, wie intolerant die Gesellschaft in meiner Umgebung war.

Das galt übrigens nicht nur für politische Fragen. Es gab im Dorf einen Jungen und ein Mädchen mit Down-Syndrom. Die beiden waren ein wenig älter als ich. Gesehen habe ich die Geschwister aber so gut wie nie. Sie wurden zu Hause eingesperrt. Die Eltern hatten die Kinder spät bekommen – und ihr Schicksal wohl als Strafe Gottes empfunden, weshalb sie ihre Kinder versteckten. Kein Spielen mit anderen, kein Schulbesuch, schon gar keine spezielle Förderung war den beiden möglich.

In einer anderen Bauernfamilie lebte wiederum ein Junge, der kleinwüchsig war. Er musste auf dem Hof mitarbeiten, das stand außer Frage. Wenn die Familie aber mit dem Pferdewagen hinaus aufs Feld fuhr, durfte er nicht mitfahren. Er musste in einem bestimmten Abstand hinter dem Wagen herlaufen. Erst als man aus dem Dorf war, wurde es ihm erlaubt, auf den Wagen zu springen. Auf dem Rückweg wiederholte sich die Prozedur: Vor dem Dorfeingang tat die Familie so, als gehörte dieses Kind nicht zu ihr, es durfte nicht weiter auf dem Wagen bleiben.

Ich will über dieses Verhalten nicht urteilen. Die betroffenen Familien waren sicher leidgeprüft und gingen bestimmt im Rahmen ihrer Möglichkeiten mit ihren Problemen um. Die Beispiele zeigen jedoch, wie eingeengt und unfrei das Leben in dieser Zeit war.

Je älter ich wurde, desto mehr wurde mir das bewusst, desto mehr hat es mich auch entsetzt. Aus dieser Empörung, aus dem Gefühl heraus, dass Menschen, die das Leben benachteiligt, nicht ausgegrenzt werden dürfen, ist ganz wesentlich mein Wunsch erwachsen, etwas an dieser Gesellschaft zu verändern.

2 AUS DER WERKSTATT IN DIE POLITIK

Blasen an den Händen

Am 5. Februar 1963 wurde ich vierzehn. Für mich endete in diesem Jahr die Schule. Kurz nach Ostern bin ich losgezogen, um meine Lehrzeit anzutreten. Die Bundeswehr hatte kurz zuvor in Bad Bergzabern ihr Heeresinstandsetzungswerk eröffnet. Das brachte Anfang der sechziger Jahre in der industriearmen Südpfalz ungeahnte berufliche Chancen für die Zukunft.

Meine Eltern hatten mir geraten, mich in der Ausbildungswerkstatt für Elektromechaniker in der Fachrichtung Elektrotechnik zu bewerben. Ich bestand die Aufnahmeprüfung – und fand mich also kurz nach dem Schulabschluss an der Werkbank wieder. Doch es war mir nicht möglich, daran zu arbeiten. Ich war zu klein. Also schob man mir einen Holzrost unter, damit ich mit dem Feilen eines U-Stücks loslegen konnte. Was so einfach aussah, entpuppte sich als harte Arbeit. Nach kurzer Zeit hatte ich dicke Blasen an den Händen. Sie sollten nicht die einzigen Blessuren der Lehrzeit – wir hießen noch Lehrlinge und nicht Auszubildende – bleiben.

Es gab etliche Momente, in denen ich die Zähne zusammenbeißen musste. Ich war der Jüngste in meinem Ausbildungsjahrgang und musste darum vieles erledigen, was die anderen gern an Aufgaben wegdrückten. Im Nachhinein betrachtet, möchte ich diese Erfahrung nicht missen. Ich weiß, was es bedeutet, mit eigener Hände Arbeit Geld verdienen zu müssen, was es heißt, gegen den inneren Schweinehund zu kämpfen, Disziplin zu wahren und sich in das Gefüge eines Betriebs einzufinden.

Nach zwei Jahren legte ich meine erste Prüfung ab, fortan konnte ich mich Elektromechaniker nennen. Es folgten anderthalb weitere Jahre mit Fachausbildung im Bereich Elektronik. Hatten mich in der Schule Zahlenkolonnen noch zur Verzweiflung gebracht, so fand ich Mathematik und Physik zunehmend interessant. Darum wollte ich nach der Ausbildung zunächst auch Zeitsoldat werden. Man hatte mir nämlich zu verstehen gegeben, in bestimmten Einheiten bestünde die Möglichkeit zur Weiterbildung. Es schien, als hätte ich Aussichten auf einen Studienplatz, mit dem Ziel eines Abschlusses als Ingenieur. Schnell wurde mir jedoch klar, dass es nicht so laufen würde, wie man es mir versprochen hatte.

1968, während des Grundwehrdiensts, hieß es stattdessen, ich sei ein kräftiger neunzehnjähriger Kerl und solle zunächst Ausbilder werden. Nie werde ich die Antwort vom Spieß vergessen, als ich an die Zusage auf Fortbildung und Studium erinnerte, die mir gegeben worden war. Er brüllte mich an, sagte, ein Soldat frage nicht, wohin er versetzt werde. Er erfahre das drei Tage vorher, nachzulesen am Schwarzen Brett.

Innerlich sah ich mich jahrelang auf irgendwelchen Kasernenhöfen stehen und junge Soldaten herumkommandieren, während die Entwicklung in meinem Beruf in rasantem Tempo weiterschritt, bis ich von dem ganzen Stoff letztlich keine Ahnung mehr haben würde. Folglich weigerte ich mich, die Verpflichtung für vier Jahre beim Bund zu unterschreiben. Eigentlich hätte ich nun die normale Wehrpflicht ableisten müssen. Doch bevor es dazu kam, zog ich mir bei Schnee und Eis einen komplizierten Knöchelbruch zu. Ich wurde schließlich ausgemustert und landete wieder als ziviler Beschäftigter in meinem angestammten Betrieb bei der Bundeswehr.

Kampf mit den Vorgesetzten

Dies alles geschah während der Endphase der Großen Koalition in Bonn, die von 1966 bis 1969 dauerte. Es war auch jene Zeit in Deutschland, in der sich die Jugend zunehmend politisierte. Die Universitäten mit ihren systemtheoretischen Debatten waren für mich naturgemäß weit weg. Man muss immer bedenken, dass die einstigen Informationsmöglichkeiten mit denen von heute nicht mehr zu vergleichen sind. Es gab zwei Fernsehprogramme, man las die örtliche Zeitung. Das war es aber auch schon. Von den ideologischen Auseinandersetzungen in den Städten bekamen wir relativ wenig mit. Mein alltägliches Leben war so, wie es die meisten Menschen nicht anders erlebten. Es ging stets um konkrete Probleme. Gab es gerechten Lohn? Waren die Arbeitszeiten zumutbar? Existierte ein gewisses Maß an Mitbestimmung?

Bewegt von diesen Fragen wurde ich Mitglied der damaligen Gewerkschaft Öffentliche Dienste, Transport und Verkehr (ÖTV). Zusammen mit ein paar Kollegen organisierte ich unseren Betrieb. Anfangs waren wir von rund dreihundert Beschäftigten zwanzig Gewerkschaftsmitglieder. Am Ende waren 95 Prozent der Belegschaft bei uns in der ÖTV, der Rest im Bundeswehrverband.

Es war nicht gerade leicht, dieses sensationelle Ergebnis zu erzielen. Unser Betrieb gehörte schließlich der Bundeswehr. Die Vorgesetzten waren größtenteils Soldaten, die keine Zweifel daran ließen, dass der gesamte Arbeitsalltag nach dem Prinzip von Befehl und Gehorsam abzulaufen hatte. Sie taten sich schwer mit unseren Ideen, etwa denen von einer Personalvertretung oder gewerkschaftlicher Tätigkeit prinzipiell.

Ich entsinne mich noch sehr genau, dass ich einmal im Büro eines Dienststellenleiters saß und mit ihm darüber reden wollte, wie Arbeitnehmervertreter in Entscheidungsprozesse eingebunden werden sollten. Der Mann rannte bei dem Wort »Arbeitnehmervertreter« einfach aus seinem Büro und schlug die Tür hinter sich zu. In diesem Zusammenhang fällt mir sofort Herbert Wehners legendärer Ausspruch ein: »Wer rausgeht, muss auch wieder reinkommen.« Ich wartete auf die Rückkehr des Dienststellenleiters, zugegebenermaßen war ich ziemlich nervös dabei. Man muss im Blick haben, dass ich ein junger Kerl war, der da versuchte, Alteingesessenen neue Wege vorzuschlagen und ihnen Rechte für die Arbeitnehmer abzutrotzen. Besagter Vorgesetzter ist übrigens nach einer Weile wieder zurückgekommen. Am Ende erzielten wir sogar ein für die Mitarbeiter passables Ergebnis.

Wenn ich Gespräche dieser Art zu führen hatte, bemühte ich mich stets, ruhig zu bleiben und auf die Kraft der Argumente zu setzen. Allerdings muss ich einräumen, dass ich auch aus der Haut fahren konnte. Das ist heute nicht anders.

Bei meiner Arbeit als junger Gewerkschafter kamen mir die zahlreichen Schulungen, die ich in den nächsten Jahren besuchte, enorm zur Hilfe. In arbeitsrechtlichen Fragen war ich bald außerordentlich fit. Das stellte sich später als Vorteil heraus, in meiner Funktion als ehrenamtlicher Arbeitsrichter. Viele Jahre saß ich als Vertreter der Arbeitnehmer in Arbeitsgerichten. Diese Tätigkeit war überaus lehrreich, um das eigene Weltbild abzurunden und das Gespür für die Wirklichkeit des Erwerbslebens zu schärfen.

Es hat mir gezeigt, dass es nicht nur Schwarz oder Weiß gibt, sondern dass es oftmals ungeheuer schwierig ist, zu ermitteln, wer in einem Streitfall recht hat. Vielfach wurde ich damit konfrontiert, dass der Schwächere häufig die schlechteren Karten hatte, wenn es darum ging, die eigenen Ansprüche durchzusetzen. Die Situation hat sich in den letzten Jahrzehnten verbessert, nicht zuletzt durch den hartnäckigen Kampf der SPD und der Gewerkschaften. Dennoch ist klar, dass man nie müde werden darf, für die Rechte der Arbeitnehmer zu streiten.

1968 wurde ich Personalrats-, kurz darauf Jugend- und Kreisjugendvorsitzender für die Region Neustadt, Landau und Südpfalz. Nach anderthalb Jahren wählte man mich zum Landesvorsitzenden der Gewerkschaftsjugend. Zusammen mit anderen organisierten wir auch Diskussionsrunden mit Studenten, da die gesellschaftlichen Veränderungen, die in den Universitäten begannen, an den Betrieben nicht spurlos vorbeigingen. So existierte eine Grundübereinstimmung, dass der angestoßene Aufbruch gut und wichtig war und genutzt werden musste. In Einzelpunkten aber zeigten sich deutliche Unterschiede zwischen jenen, die sich an den Universitäten auf die politische Auseinandersetzung konzentrierten, und denen, die jeden Tag früh aufstehen und zur Arbeit gehen mussten und sich, so wie ich, zusätzlich ehrenamtlich engagierten. Da prallten zwei Welten aufeinander.

Mein späterer langjähriger Freund Detlev Albers machte ganz zu Beginn der Studentenproteste Furore, indem er an der Hamburger Universität das berühmte Transparent »Unter den Talaren – Muff von 1000 Jahren« entrollte. Ich dagegen arbeitete an einem neuen Akkordsystem. So wichtig die Studentenbewegung für die

Durchlüftung der Gesellschaft auch gewesen ist, ich sehe bei denen, die sich in den Gewerkschaften und Betrieben engagierten und immer noch einbringen, einen höheren Realitätssinn. Wir wussten, was es bedeutete, am Monatsende 100 oder 150 Mark weniger in der Tasche zu haben. Deshalb interessierten uns konkrete Verbesserungen, nicht so sehr abstrakte Debatten.

So entwickelten wir ein Akkordlohnverfahren, damit die Arbeitnehmer am Erfolg der geleisteten Tätigkeit auch teilhaben konnten. Das sah so aus, dass bestimmte Gruppen oder Werkstätten mehr verdienten, wenn sie ein bestimmtes Quantum an Arbeit in einer festgelegten Zeit erledigten. Die Löhne waren damals nicht üppig. Mein erster Gesellenlohn machte 470 Mark aus – und damit lag ich schon weit vorn. Ich wurde als Funkelektroniker in der zweithöchsten Lohngruppe eingestuft. Viele andere hatten weitaus weniger. Für sie war das neue Akkordverfahren schon ein entscheidender Vorteil.

Wir kämpften weiterhin für ein Berufsbildungsgesetz und ein Jugendarbeitsschutzgesetz, für Betriebsverfassungs- und Personalvertretungsgesetze. Vieles von dem, was heute an Arbeitnehmerrechten selbstverständlich erscheint, gab es damals längst noch nicht.

Zu diesem Engagement, das vor allem aus dem Empfinden großer Ungerechtigkeiten in der Gesellschaft erwachsen war, kam durch die Gewerkschaftsschulungen, für die ich meistens meinen Urlaub aufsparte, ein theoretisches Fundament. Zudem war ich – wie viele andere damals auch – von Willy Brandt fasziniert. Ich weiß noch genau, wie wir seine Regierungserklärung 1969 im Betrieb hörten. Wir stellten die Funkgeräte so um, dass wir Radioempfang hatten. »Mehr Demokratie wagen!« Das hat mich fasziniert. Da öffnete sich der Weg zu einer neuen Zeit.

Die jüngeren Kollegen empfanden das ähnlich. Endlich Schluss mit den alten Hierarchien und den ausgetretenen Pfaden. Die Älteren dagegen waren sehr skeptisch und ängstlich, was diese neue Regierung bringen werde. Die Furcht vor dem Kommunismus war in unserer Gegend stark verwurzelt und wurde kurzerhand auf alles übertragen, was links zu sein schien. Man war in Sorge: Würde mit der SPD an der Spitze das Wirtschaftswunder fortgesetzt, oder würde die soziale Marktwirtschaft zurückgedreht? Uns Jüngeren warfen die Älteren vor, überhaupt nicht zu begreifen, was auf dem Spiel stehe. Im Grunde zweifelten sie auch unsere politische Mündigkeit an.

Ein Steinfelder ein Sozi

Im Betrieb führte ich die ersten politischen Debatten – und merkte, wie sehr es mir gefiel zu argumentieren, Menschen zu überzeugen und für bestimmte Ideen zu begeistern. Außerdem wurde mir klar, dass ich Dinge, die in meinem unmittelbaren Umfeld geschahen, beeinflussen konnte. Das ging mir bei der Kommunalreform 1969 so und auch als die damalige Bundesbahn beschloss, Strecken in unserer Region stillzulegen. Mir war bewusst, nur Einwände hervorzubringen, würde mir nicht reichen. Ich wollte mich einbringen, damit die Kritik nicht folgenlos bleibt. Irgendwann kam ich darüber ins Gespräch mit Reinhold Sitt. Der war Kassierer der SPD für Steinfeld. Ich lud ihn zu uns nach Hause ein, und ich sehe ihn noch heute vor mir, wie er in unserem Wohnzimmer saß. Das war im Herbst 1971. Er hatte einen Aufnahmeantrag dabei. Ich füllte ihn aus und wurde zum 1. Januar 1972 Mitglied der Sozialdemokratischen Partei Deutschlands.

Ein echter Steinfelder ein Sozi. Das sorgte in unserem CDU-dominierten Dorf natürlich für Gesprächsstoff. Hier hatte es die SPD immer schwer. Das war damals in vielen südpfälzischen Orten so. Für Parteiversammlungen erhielt die Partei keine Räume. Die Wirte hatten Angst, dass ihre Gäste ausbleiben könnten, wenn sie für sozialdemokratische Veranstaltungen einen ihrer kleinen Säle zur Verfügung stellen würden. Früher holte die SPD in Steinfeld immer ungefähr vierzig Stimmen. Es gab einige wenige Familien, die regelrecht im Verdacht standen, die SPD zu wählen. Das bekräftigte noch die Außenseiterrolle, die sie als »arme« Mieter, Kinderreiche oder weil mancher angeblich mehr Durst verspürte, als ihm guttat, ohnehin im Dorf hatten.

Vor allem meine Eltern bekamen zu spüren, dass ich Sozialdemokrat geworden war. Einige aus dem Dorf redeten plötzlich nicht mehr mit ihnen. Meine Mutter erzählte oft die Geschichte vom Ehemann ihrer Cousine. Den hatte sie direkt gefragt, warum er sie nicht mehr grüße. Die Antwort: »Ich habe gehört, der Kurt ist jetzt in der SPD. In einer anständigen Familie macht man so etwas nicht.«

Mich einem solchen Druck zu beugen, wäre mir nicht in den Sinn gekommen, sondern das hat – im Gegenteil – meinen Widerstandsgeist herausgefordert. Meinen Eltern bin ich dankbar dafür, dass sie diese Belastung mit aushielten und nicht von mir verlangten, mich anzupassen. Ich habe schon immer eine rebellische Ader gehabt. Wenn es um Ungerechtigkeiten oder Unverschämtheiten geht, rege ich mich richtig auf. Die Dominanz der CDU in unserer Gegend, diese Selbstverständlichkeit, dass man bei den »Schwarzen« zu sein hatte, war es auch, die mir die Partei nicht sympathisch machte. Nie wäre ich dem Gedanken verfallen, der Christlich Demokratischen Union beizutreten, auch wenn ich viele Kollegen hatte, die in der CDU waren. Wir nannten sie »Herz-Jesu-Sozialisten«, weil sie dem Arbeitnehmerflügel angehörten. Diese »Herz-Jesu-Sozialisten« will ich überhaupt nicht gering schätzen. Grundsätzlich aber hatte ich von Jugend an den Eindruck, dass die Interessen der Arbeitnehmer bei der SPD am besten aufgehoben sind.

3 1. FC KAISERSLAUTERN, KRAWATTENNADELN UND EIN ROTER KÄFER

Der sterbende »Schwan«

Unsere Gewerkschaftsarbeit ging sehr bald über den eigenen Betrieb hinaus – im doppelten Sinn. Zum einen demonstrierten wir beispielsweise vor Firmen, die keine Betriebsräte zuließen. Zum anderen wollten wir in unserem Lebensumfeld einiges ändern und kämpften etwa in dem rund zwanzig Kilometer von Steinfeld entfernten Landau für ein Jugendzentrum. Mit dem Slogan »Solidarisieren – Mitmarschieren« zogen wir durch die Straßen und versuchten, die jungen Leute aus den Kneipen herauszulocken. Damals gab es schon den einen oder anderen Treffpunkt für Jugendliche. Dort konnte man aber überwiegend nur Bier trinken und Kicker spielen. Wir wollten aber ein Zentrum, in dem nicht nur träge konsumiert werden konnte, sondern in dem richtig etwas passierte.

Nach einigem Hin und Her bekamen wir von der Stadt ein altes, leer stehendes Hotel zugewiesen. Das Gebäude war noch recht gut in Schuss. Wir haben ein paar Wände gestrichen und einige Türen repariert. Das war's. Danach organisierten wir Filmabende und Musikveranstaltungen. Schließlich war in der Musik in der zweiten Hälfte der sechziger Jahre auch eine neue Zeit angebrochen. Diese Klänge von Freiheit, die wir damals darin hörten, wehten nun ebenfalls durch den »Schwan«. So nämlich hieß unser Zentrum, weil es als Hotel auch schon diesen Namen getragen hatte. Weiterhin fanden etliche Podiumsdiskussionen im »Schwan« statt. Es ging um alles Mögliche – von der Jugendarbeit in der Stadt über die Schulpolitik bis hin zu den grundsätzlichen Debatten über die aktuellen gesellschaftliche Veränderungen.

Natürlich forderten wir auch die Selbstverwaltung unseres Jugendzentrums. Niemand sollte uns da reinreden. Das haben wir am Ende auch erreicht – und das Projekt damit ruiniert. Anfangs funktionierte es noch. Jeder, der zu den Gründungsmitgliedern gehörte, übernahm einen Teil der Verantwortung für das Gebäude. Wir teilten genau ein, wer auf- und abschloss, wer die Räume reinigte und die verschiedenen Veranstaltungen koordinierte.

Nach einer Weile begannen wir jedoch im wahrsten Sinn des Wortes zu spinnen. Davon kann ich mich selbst nicht ausnehmen. Wir wollten diese Verpflichtungen einfach nicht mehr. Das gipfelte während einer unserer Hauptversammlungen mit langen, sinnlosen Diskussionen in einer Abstimmung: »Wollt ihr einen politischen oder einen sauberen ›Schwan‹?« Man kann sich denken, dass die Mehrheit für den politischen »Schwan« votierte. Und man kann sich leicht ausmalen, dass das am Ende ins Chaos führte. Das Programm wurde immer dürftiger, das Publikum blieb aus, am Ende wurde das Jugendzentrum geschlossen und das ehemalige Hotel abgerissen.

Eigentlich hätte ich es besser wissen müssen. Schließlich hatte mein Vater mir doch beigebracht, was es hieß, Verantwortung zu übernehmen. Wahrscheinlich war es der Jugend geschuldet, dass die Erziehungswirkung an diesem Punkt aussetzte. Dennoch kann ich aus der Rückschau sagen, dass die Arbeit und der Einsatz im »Schwan« nicht vergebens waren. Im Lauf der Zeit sind vonseiten der Stadt etliche Jugendräume eingerichtet worden. Man nahm viel bewusster wahr, dass junge Menschen eine Anlaufstelle brauchen, um sich mit Gleichaltrigen zu treffen und auszutauschen. Somit haben wir am Ende einen kleinen Beitrag zur Verbesserung der Jugendarbeit geleistet, auch wenn der »Schwan« selbst unterging.

Funkelektroniker auf der Schulbank

Zu dieser Zeit träumte ich immer noch von einem Ingenieurstudium. Doch dazu musste erst einmal der passende Abschluss her. Von 1969 an besuchte ich eine Abendschule. Fünf Tage die Woche ging ich nach meiner Tätigkeit als Funkelektroniker zum Unterricht in Bergzabern. Jeden zweiten Samstag hieß es, die Schulbank zu drücken. Das kostete enorm viel Kraft. Jeder, der den zweiten Bildungsweg gegangen ist, weiß, wie viel Disziplin und Energie nötig sind, um sich am Ende eines Arbeitstags immer wieder aufzuraffen und zu lernen, während andere ihre Freizeit genießen.

Vor diesem Hintergrund hat die Durchlässigkeit im Bildungswesen einen unermesslichen Wert. Zu Beginn der siebziger Jahre wurde sie – wesentlich durch das Engagement der SPD – höher, aber wir sind selbst heute noch lange nicht am Ziel. Im Gegenteil. Wir waren schon weiter, was den Zugang von Menschen zu höheren Schulen und Hochschulen anbelangt. Aktuell scheint diese Durchlässigkeit eher wieder zurückgedreht zu werden. Mehr als in anderen vergleichbaren Industrieländern entscheidet die soziale Herkunft wieder über den Bildungsweg der Kinder. Wenn nur 24 Prozent der Kinder aus Arbeiterfamilien studieren, ist das nicht in Ordnung. Hier liegt noch ein enormes Betätigungsfeld für Sozialdemokraten vor.

Der Anspruch ist, dass möglichst viele durch Förderung, durch den Versuch, fehlende Bildungsvoraussetzungen in Familien auszugleichen, den Schulabschluss und auch höhere Bildungsziele erreichen. Das ist ein Gebot sozialer Gerechtigkeit. Aber es geht auch darum, durch Qualifikation in der Breite Deutschlands internationale Wettbewerbschancen und damit unseren Wohlstand für die Zukunft zu sichern. Deshalb haben wir uns für den Rechtsanspruch auf einen Krippenplatz stark gemacht – mit Erfolg, wie man weiß. Und diese Kinderhorte sollen nicht nur die Kleinen verwahren, während die Eltern zur Arbeit gehen, sondern sie auch pädagogisch betreuen und fördern. Dem Ziel dient auch die Beitragsfreiheit für Kindergärten, die in SPD-geführten Ländern schrittweise eingeführt wird.

Und wir wollen Ganztagsschulangebote, denn es ist uns ein Anliegen, die Schwächeren zu stärken und den Stärkeren weitere Lernanreize zu geben. Ein Kind, das aus einer Handwerkerfamilie stammt, in der man kein Französisch gelernt hat, muss seine Sprachbegabung entwickeln können, auch wenn die Eltern nicht bei den Hausaufgaben helfen können. Das hat überhaupt nichts zu tun mit Gleichmacherei, wie uns vom politischen Gegner immer wieder gern unterstellt wird. Doch es gehört zu einem vernünftigen und gerechten Schulsystem, dass alle Kinder eine Chance erhalten. Deshalb ist es sinnvoll, sie möglichst lange gemeinsam zu unterrichten und nicht vor der Zeit zu sortieren.

Leidenschaftlicher Tänzer und junger Vater

Wenn ich an meine Jugend zurückdenke, kommt mir allerdings nicht nur die Arbeit im Betrieb oder in der Gewerkschaft in den Sinn. Wir hatten durchaus unseren Spaß.

Beim Tanzen beispielsweise. Ich bin noch heute ein leidenschaftlicher Tänzer. Nachdem ich in der Tanzschule war, zog ich zusammen mit Freunden am Wochenende los, anfangs mit dem Bus, denn ich besaß zunächst weder ein Moped noch ein Auto. Es ging immer in die Lokale, in denen eine Band spielte, häufig waren das die Kolibris.

Bei einer solchen Gelegenheit lernte ich meine Frau Roswitha kennen. Sie kann fantastisch tanzen, und es hat ziemlich schnell »geklingelt«. Wir haben uns einige Zeit regelmäßig am Wochenende getroffen – und danach recht bald geheiratet. Roswitha war schwanger. Das war für uns nicht tragisch. Wir wären ohnehin zusammengeblieben. Da waren wir uns schnell absolut sicher. Wir hätten uns wohl ein bisschen mehr Zeit gelassen, mit Ehe und Kind. Doch ich gehörte nicht zu der Sorte von Männern, die unter der plötzlich Dahinschwinden der Freiheit litten. Mir war klar, dass ich Verantwortung zu übernehmen hatte, und ich habe das gern getan. Meine Pläne für das Abitur und das Studium musste ich damit jedoch endgültig aufgeben.

1972 habe ich schließlich die Prüfung zur Mittleren Reife bestanden. Anschließend hätte ich ein Stipendium für das Speyer-Kolleg erhalten können, um das Abitur zu machen, weil ich mit einem Notendurchschnitt von 1,8 als einer der Besten abgeschnitten hatte. Doch von dem Stipendium hätte ich meine Familie nicht ernähren können. Die monatliche Unterstützung hätte rund 280 Mark ausgemacht. An Kindergeld gab es 40 Mark. Damit wären wir nicht zurechtgekommen. Ich musste meinem Beruf nachgehen – und habe immer wieder versucht, neben dem Job etwas dazuzuverdienen. So wurde ich Lokalreporter bei der Rheinzeitung.

In Steinfeld hatte es immer einen Mitarbeiter des Blattes gegeben, der über das Leben in den Vereinen berichtete. Als er in den Ruhestand ging, fragte mich ein Lokalredakteur, ob ich nicht Lust hätte, den Job als freier Mitarbeiter zu übernehmen. Man kannte mich schließlich in vielen Vereinen und auch in der Kommunalpolitik, in die ich mich immer mehr einmischte. Also berichtete ich über die Fußballspiele am Sonntagnachmittag, über den Musikverein und auch über SPD-Veranstaltungen, auf denen ich ohnehin war. Anfangs bekam ich elf Pfennige pro Zeile, später 17 Pfennige. Wenn ich es mit einem Beitrag in den überregionalen Teil schaffte, erhielt ich sogar mehr. Davon konnte man nicht reich werden, das ist klar. Aber es war immer ein kleines Extra, und Spaß gemacht hat es auch.

Nachtarbeit auf dem eigenen Bau

Obwohl wir genau rechnen mussten, haben wir relativ schnell angefangen zu bauen. Wir wohnten zunächst bei meinen Eltern, aber das war sehr beengt. Also überlegten wir, ob wir eine kleine Wohnung mieten oder gleich Nägel mit Köpfen machen sollten. Wir entschieden uns, im Garten meiner Eltern ein Haus hochzuziehen, fast ausschließlich in Eigenleistung und mit reiner Nachbarschaftshilfe. Dafür, dass mein Vater als Maurer schon vielen geholfen hatte, sprangen jetzt andere Handwerker bei uns ein. Ich war der Handlanger, habe so ziemlich jeden Stein dieses Hauses in der Hand gehabt, die meisten mehrfach. Denn zu dem hinteren Teil des Grundstücks konnten die Lieferwagen nicht vorfahren, also mussten wir alles mit Karren zu der Baustelle schaffen – meistens spätabends, denn zu der Zeit ging ich nach der Arbeit noch zur Schule.

Als das Haus unter Dach war, sorgte ich für die gesamte Elektrik. Ich klopfte die Ritzen für die Leitungen und für die Wasserrohre. Das war eine sehr turbulente Phase, extrem anstrengend, aber auch sehr schön. Wir freuten uns immer, wenn wieder ein Stück von unserem neuen Heim fertig war. Nach gut einem Jahr konnten wir einziehen.

Mein Vater lebt in Steinfeld noch immer im Vorderhaus, auch mein Wahlkreisbüro ist weiterhin dort. Das Foto, das 2008 von mir mit dickem Schal um den Hals in den Zeitungen erschien, als mich nach der Hamburg-Wahl und den hitzigen Debatten um den Kurs der hessischen SPD eine Grippe umgeworfen hatte wie seit zwanzig Jahren nicht mehr, entstand übrigens an diesem Ort. Erst nach zweiwöchiger Auszeit machte ich mich wieder auf den Weg nach Berlin.

Ursprünglich war mein Wahlkreisbüro im Hinterhaus. Unser Sohn Stefan erzählt noch heute davon, dass schon zu seiner Kinderzeit dauernd Besucher kamen, mit denen ich in meinem kleinen Arbeitszimmer unter dem Dach verschwand. Auf Dauer war das aber keine gute Lösung. Der Raum lag auf derselben Etage wie Schlaf- und Kinderzimmer. Da ging zu viel Privatheit verloren, wenn ständig Fremde über die Etage liefen. Also haben wir einen alten Lagerraum am Haus meiner Eltern zu einem separaten Wahlkreisbüro ausgebaut. Dort schaue ich immer als Erstes hinein, wenn ich abends aus Mainz oder Berlin in Steinfeld ankomme – manchmal nach vielen Tagen der Abwesenheit. Mich interessiert, was es in der Umgebung Neues gibt, was bei den Menschen vor Ort zu tun ist.

Meine Familie und ich, wir sehen uns leider sehr selten. Das bringt meine Arbeit nun einmal so mit sich. Wir versuchen, uns sonntags zum Mittagessen zu treffen, meine Frau, mein Vater, mein Sohn und meine Schwiegertochter.

Wenn das wirklich an jedem zweiten oder dritten Sonntag gelingt, sind wir alle schon zufrieden. Politik spielt bei diesen Mittagsrunden, bei denen meine Frau wunderbar kocht, allerdings eher am Rande eine Rolle.

Torschüsse auf die Schaukel

Ich will die Privatsphäre meiner Familie schützen. Deshalb gibt es keine persönlichen Fotos und Geschichten in den Medien. Ich bekomme zwar immer wieder zu hören, ich sei als Person des öffentlichen Lebens gewissermaßen verpflichtet dazu und die Menschen hätten ein berechtigtes Interesse daran zu erfahren, wie ich lebe. Aber ich habe nie Homestorys zugelassen, und ich werde das auch in Zukunft nicht tun. Wenn man einen Job macht wie ich, der bedeutet, manchmal tagelang nicht nach Hause zu können, dann muss man sich als Ehepaar arrangieren. Dazu gehört, dass das Private auch wirklich privat bleibt und die wenige Zeit wirklich allein der Familie gehört.

Als unser Sohn klein war, lag die Hauptlast der Erziehung bei meiner Frau. Ich war damals schon viel unterwegs, sehr häufig auch abends. Stefan habe ich meistens nur zu Gesicht bekommen, wenn er schon schlief. Später habe ich, wann immer es möglich war, mit ihm Fußball gespielt. Oft war mein Vater mit von der Partie. Wir hatten eine Kinderschaukel vor der Mauer unseres Gartens aufgebaut, die an den Schulhof von Steinfeld grenzt. Sie diente als Tor. Stefan spielte damals als Jugendtorwart bei den Sportfreunden Steinfeld und wollte natürlich immer trainieren. Ich weiß nicht, wie oft ich Bälle auf diese Schaukel geschossen habe. Zu der Zeit hatten wir auch einen Hund, der war absolut ungehorsam, hat nur herumgetollt, war aber immer mit dabei.

Nach Möglichkeit ging ich zum Fußballplatz, wenn Stefans Mannschaft spielte. Ich gehörte zwar nicht zu den Vätern, die für ihren Sohn eine Fußballkarriere planten, aber so manchen Verbesserungsvorschlag musste der Junge sich dennoch anhören. Aber er sagt heute selbst, ich hätte überwiegend motivierend gewirkt.

Beide erinnern wir uns gern an den Aufstieg von Stefans Mannschaft in die A-Klasse des Südwest-Fußballverbands. Zu der Aufstiegsfeier war das ganze Dorf auf den Beinen, so auch ich. Noch heute verbindet Stefan und mich die Fußballleidenschaft. Beide sind wir Fans vom 1. FC Kaiserslautern. Auf der Tribüne vom Betzenberg wollen wir uns bei jedem Heimspiel treffen. Leider schaffe ich es längst nicht mehr, jedes zweite Wochenende in der Fußballsaison ins Stadion zu gehen.

Freuden und Niederlagen auf dem Betzenberg

Im Stadion bei einem guten, spannenden Spiel gewinnt man Abstand von den alltäglichen Dingen – sogar von der Politik. Ich bin, wie ich schon sagte, ein großer Fan vor allem des 1. FC Kaiserslautern. Der Betzenberg, jener Berg, der Standort und Namensgeber für das eigentliche Fritz-Walter-Stadion ist, bedeutet für mich ein Stück Heimat. Damit verbinden sich unzählige Kindheitserinnerungen. So kommt es, dass ich mit diesem Verein Freude und Leid teile. Mit ganzem Herzen bin ich dabei. Gewinnt der FCK, ist das ein guter Start in die neue Woche. Der Erfolg der übrigen rheinland-pfälzischen Mannschaften ist mir jedoch auch wichtig. Jener vom 1. FSV Mainz 05 und wie er erarbeitet worden war, hat mich sehr begeistert, sodass ich nun auch dort Vereinsmitglied geworden bin.

Dank dieser Fußballbegeisterung lernte ich schon früh die »Kaiserslauterer« aus der Weltmeister-Elf von 1954 als Spieler auf dem »Betze« kennen: Fritz und Ottmar Walter haben mich schon als Kind sehr beeindruckt. Das gilt auch für Horst Eckel und den leider viel zu früh verstorbenen Werner Liebrich, der sich später für die SPD engagierte. Ein bisschen schwang da schon in meiner Jugend sicher auch das beruhigende Gefühl mit, dass man es selbst in unserem Landstrich, der im Krieg stark gebeutelt wurde und es als Grenzland immer schwer hatte, weit nach oben schaffen konnte.

Fritz und Ottmar Walter überzeugten nicht nur durch ihr hervorragendes sportliches Können. Ihre große Menschlichkeit und ihr gesellschaftliches Engagement haben sie zu ganz besonderen Menschen gemacht. Ich rechne es Ottmar Walter und auch Horst Eckel hoch an, dass sie sich so intensiv in der Sepp-Herberger-Stiftung engagieren. Zur Arbeit der Stiftung gehört nicht nur die Förderung des Sports an Schulen und Hochschulen, die Unterstützung des Behindertensports sowie die sportliche Entwicklungshilfe in Ländern, in denen der Fußball zu einem Stabilitätsfaktor für die Jugend wird. Die Sepp-Herberger-Stiftung unterstützt auch die Förderung des Fußballs in Strafvollzugsanstalten als Hilfe zur Resozialisierung. Es ist bestimmt keine Selbstverständlichkeit, wenn sich erfolgreiche Fußballer denen zuwenden, die sich an einem Punkt in ihrem Leben von der Gesellschaft abgewandt haben.

Zu dem sozialen Engagement kommen die Bodenständigkeit und eine Heimatverbundenheit, aus der die beiden Spieler nie einen Hehl machten – und die ich gut nachempfinden kann. Bekennende Pfälzer eben. Als Ottmar Walter im März 2004 seinen achtzigsten Geburtstag feierte, konnte ich ihm als Ministerpräsident das Große Verdienstkreuz des Verdienstordens der Bundesrepublik Deutschland überreichen. Und ich hielt eine Rede zu Ehren des Jubilars, in der ich betonte, was mir an der Mannschaft von 1954 stets besonders gefallen hatte: Sie gab den Menschen die Chance, Teil dieses WM-Siegs zu sein. Und die Spieler vermittelten ihren Landsleuten das Gefühl, vollkommen normale Menschen zu sein.

Die Herzlichkeit und das natürliche Verhalten der beiden großen Walter-Brüder hat mich immer sehr angerührt – und auch ihr Verhältnis zu ihren Frauen. Fritz Walter hat stets betont, dass er ohne seine Frau Italia, mit der er dreiundfünfzig Jahre verheiratet war, niemals derartig siegreich hätte sein können. Und Ottmar Walter sagte auf seinem Geburtstagsfest auf dem Betzenberg, der größte Erfolg in seinem Leben bestünde darin, seine Frau Anneliese gefunden zu haben.

Mit Ottmar Walter und seiner Frau verbindet mich eine persönliche Freundschaft. Es hat meinen Sohn Stefan und seine Frau Kerstin besonders gefreut, als Ottmar und Anneliese Walter ebenso wie Horst und Hannelore Eckel im Juli 2002 an ihrer Hochzeitsfeier teilnahmen. Ich weiß noch genau, dass ich damals eine Bundesratssitzung in Berlin abgesagt habe, um an der standesamtlichen Trauung teilnehmen zu können. Am Tag darauf, einem Samstag, feierten wir im Heimatort der Braut, in Dammheim bei Landau, die kirchliche Hochzeit und ein großes Fest.

Fußball war der Sport des kleinen Mannes. Vielleicht hat er mich deshalb stets begeistert. Für teure Hobbys hätten wir zu Hause ohnehin kein Geld gehabt. Doch es bot sich immer eine Gelegenheit, mit ein paar Jungen den Ball zu treten. Noch heute kicke ich gern. Doch weil kaum Gelegenheit dazu besteht und das fehlende Training nicht ohne Wirkung bleibt, schieße ich allenfalls noch bei Festen auf eine Torwand.

Insgesamt ist die Bedeutung des Sports, besonders des Fußballs, für die Gesellschaft nicht zu unterschätzen. Da ist zum einen der gesundheitliche Aspekt. Daneben zählt vor allem der so geschaffene Zusammenhalt – bei Jungen wie Alten, über Statusgrenzen und sogar über Nationalitäten hinweg. So sorgt der Sport zu einem erheblichen Teil für die Integration von Menschen.

Die Europameisterschaft 2008 in der Schweiz und Österreich hat erneut gezeigt: Hunderttausende feierten zusammen auf den Straßen. Als im Halbfinale Deutschland gegen die Türkei stand, freuten die Türken sich am Ende mit dem deutschen Team und fieberten im Endspiel mit dem Land, in dem sie lebten. Deutschland freute sich – wie schon bei der WM 2006 – auch mit einer Mannschaft, die den Titel nicht holte. Der Fußball vermag große Begeisterung auszulösen und hat uns Deutsche im Ausland in einer fröhlichen und unverkrampften Weise präsentiert, die viele nicht für möglich hielten.

Fußball ist eben ein durch und durch demokratischer Sport. Im Team haben alle eine Chance – Große und Kleine, Athleten und Taktiker. Kluge Politik fördert darum den Sport und schafft ein ausgewogenes Verhältnis zwischen der Förderung des Spitzen- und des Breitensports.

Ich hoffe nun, dass sich auch beim FCK etwas konstanter Freude einstellt. Die Saison 2008/2009 wird es zeigen, sie wird enorm wichtig. Ich habe jedenfalls extrem gelitten, als es im vergangenen Mai um den Klassenerhalt ging. Nicht auszudenken, wenn die »Roten Teufel« aus der Zweiten Bundesliga abgestiegen wären. So bleibt wenigstens noch die Hoffnung, dass es wieder einmal bergauf geht, dass eine stabilere Phase einsetzt, wie über all die Jahre vor 1996. Denn allzu gern würde ich nochmals auf dem Betzenberg die Meisterschale in die Höhe stemmen, so wie wir es zuletzt 1998 konnten.

Keine Heldengeschichten

Doch zurück zu meiner Familie: Rückblickend denke ich, ich hätte mehr Zeit mit meinem Sohn verbringen sollen. Doch angesichts der enorm arbeitsintensiven Zeit hatte ich das damals nicht recht wahrgenommen. Meine Frau war jedoch als Ansprechpartnerin immer für ihn da. Dafür bin ich sehr dankbar. Von Vorteil für unsere Kleinfamilie war natürlich, dass Stefan bei seinen Großeltern stets offene Türen vorfand. Es war immer jemand zu Hause, wenn er aus der Schule kam. Leider können heute nicht alle Familien bei der Kinderbetreuung auf Großeltern oder andere Verwandte zurückgreifen. Das ist auch ein Preis, den wir für den hohen Mobilitätsanspruch in unserer Gesellschaft zu zahlen haben. Umso wichtiger ist es, dass junge Familien sich auf ein umfassendes Betreuungssystem verlassen können.

Ich sehe es heute als Glück, dass ich in kritischen Situationen zur Stelle war. Während seiner Grundschulzeit ist Stefan einmal im Schwimmbad in eine Glasscherbe getreten. Als die Lehrerin anrief, war ich zufällig am Telefon. Ich bin sofort hingefahren und habe ihn zum Arzt gebracht. Das ist keine Heldengeschichte, doch noch heute erzählt mein Sohn, dass ich derjenige war, der dort mehr gelitten habe als er, weil ich es kaum mit ansehen konnte, wie der blutende Fuß behandelt wurde. Später, zu meinen Bundeswehrzeiten, hat mein Sohn bei einem Fußballspiel unglücklich einen Tritt ins Gesicht bekommen, sodass das Nasenbein gebrochen war. Auch da war ich zufällig in seiner Nähe und konnte ihm im Krankenhaus zur Seite stehen.

Als Stefan noch klein war, haben wir so oft wie möglich die Sonntagnachmittage gemeinsam verbracht. Dann zwängten wir uns – vielfach mitsamt den Großeltern – in meinen VW-Käfer und unternahmen Familienausflüge zu den Eltern meiner Frau, zu den vielen schönen Flecken in der Pfalz oder zum Rheinfall nach Schaffhausen. Als es später finanziell möglich war, haben wir Urlaub in Italien gemacht. Rimini war unser beliebtes Ziel. Dorthin haben wir das eine oder andere Mal den jüngsten Bruder meiner Frau mitgenommen, was bedeutete, mit extrem wenig Gepäck zu reisen. Der Käfer bot nur bedingt Stauraum. Strandleben, Pizzaessen, Sonne und das Meer genießen – das sind besonders schöne Erinnerungen an unser früheres Familienleben.

Der 1200er Käfer war mein erstes Auto – ein rotes, natürlich. Ich konnte ihn von meinem Vater übernehmen und war sehr froh darüber. Sonst hätten wir uns keinen Wagen leisten können. Für mich bedeutete das Gefährt nicht zuletzt die Möglichkeit, in einem größeren Wirkungskreis politisch aktiv zu sein. Erst Jahre später habe ich mir einen 200er Mercedes Diesel gekauft. Das war ein Jahreswagen von Daimler-Benz in Wörth, den man seinerzeit günstig erstehen konnte. Damals stand ein solches Modell vor fast jedem zweiten Haus in der Pfalz.

Seit meiner Kindheit schwärmte ich von einem Citroën DS. Ein Schausteller, der jedes Jahr zum Kirchweihfest nach Steinfeld anreiste, fuhr ein derartiges Auto. Die Form und die Hydraulik, die den Wagen auf- und abschweben ließ, faszinierten mich. Der Wunsch, einen Citroën DS zu besitzen, ließ mich nicht los. Ich konnte ihn mir schließlich erfüllen, als ein früherer Nachbar, der Automechaniker war, nach Frankreich heiratete. Die Familie seiner Frau besaß im Elsass eine Citroën-Werkstatt. So kam ich zu meinem 24er Pallas – völlig legal, versteht sich, als Reimport. Auf diese Weise konnte ich den Wagen überhaupt erst bezahlen, denn er kostete mich nur etwa so viel wie damals ein Mittelklassefahrzeug.

Meine Frau, meine schärfste Kritikerin

Natürlich führte meine ständige Abwesenheit auch zu Spannungen in der Familie, das ist klar. Doch meine Frau und ich haben einen Weg gefunden, nicht auseinanderzulaufen. Dazu gehörte, dass Roswitha ihren Alltag nicht meinem Politikerleben unterwarf, sondern eigene Ziele verfolgte. Sie hat ihren Beruf als Friseurin nie aufgegeben, gelegentlich geht sie ihm sogar noch heute nach. Meine Frau ist ein ausgesprochen selbstbewusster Mensch, sehr nüchtern, urteilssicher und direkt, auch mir gegenüber. Die Sozialdemokratin Roswitha Beck ist meine strengste Kritikerin. Reden auf Kundgebungen mag sie schon wegen meiner lauten, sich manchmal überschlagenden Stimme überhaupt nicht. Sieht sie mich im Fernsehen, beurteilt sie die Wirkung vom Gesagten bis hin zur Haltung und einzelnen Gesten. Das hilft mir. Wenn ich nur Lobendes hören wollte, dürfte ich sie nicht fragen.

Die Rolle der ständig präsenten Landesmutter, die immer wieder von ihr gefordert wird, spielt sie nicht. Nur wenn es protokollarisch wichtig ist oder sie ein eigenes Interesse daran hat, nimmt sie Repräsentationsaufgaben wahr. Seit vierzehn Jahren engagiert sie sich für psychisch kranke Menschen und ist im Rahmen dieses Ehrenamts vielfältig tätig. Wenn sie gebraucht wird, ist meine Frau zur Stelle. Aber sie führt nicht das Leben eines Anhängsels. Ich muss sagen, wegen dieser Eigenständigkeit und Energie bewundere ich sie.

Früher gingen wir häufig zusammen einkaufen. Zwar hatte ich auch damals nie viel Geduld, lange nach einer bestimmten Garderobe zu suchen. Als Stefan noch klein war, haben wir beide lieber Rolltreppentouren unternommen, während Roswitha eine Vorauswahl traf. Diese Beratung habe ich immer gern angenommen. Heute fehlt dafür die Zeit. Meine Anzüge bekomme ich mittlerweile geliefert. Man hat mich elektronisch vermessen, sodass ich, wenn etwas Neues nötig ist, mich nicht weiter um diese Dinge kümmern muss. In Berlin wurde versucht, mich einer Art Modediktat zu unterwerfen. Meine Krawatten gefielen manchen Journalisten nicht, und auch nicht meine Gewohnheit, Krawattennadeln zu benutzen. Die sind aber praktisch, deswegen bleibe ich da altmodisch. Krawatten kaufe ich mit Vorliebe übrigens auch selbst, und ich freue mich, wenn meine Frau mir welche schenkt. So gesehen bin ich vielleicht sogar ein Sammler.

Sicher wäre es für meine Frau und mich schön, wenn wir mehr Zeit miteinander verbringen könnten. Wir lieben es, gemeinsam durch die Pfalz zu wandern oder zu radeln. Im Spätsommer, wenn es nicht mehr so heiß ist, fliegen wir hin und wieder für ein paar Tage nach Andalusien. Das Atlantikklima, die Ruhe und auch, dass wir dort nicht prominent sind, haben für uns einen großen Erholungswert. Doch nicht in jedem Jahr klappt es mit einer Reise dorthin. Das Leben in der Politik hat seinen Preis.

Damit die zwangsläufig wenigen privaten Stunden und

Tage im Jahr auch wirklich privat bleiben, schotten wir, wie gesagt, unser Privatleben vor der Öffentlichkeit ab. Es gibt Anfeindungen bis hin zu Morddrohungen, selbst gegen meine Frau. Wir müssen uns da ganz auf die Arbeit der Sicherheitskräfte verlassen, erfahrene Polizeibeamte, denen ich sehr vertraue.

4 NAHE BEI DEN MENSCHEN

Schluss mit dem Schmusekurs

Durch die Kommunalreform 1972 mussten die Kreistage in den daraufhin veränderten Landkreisen neu gewählt werden. In meinem ersten Jahr in der SPD wurde ich schon Kreistagsmitglied. Grund war aber nicht so sehr mein Ehrgeiz, sondern meine Unerfahrenheit. Insbesondere hatte man mein jugendliches Alter zum Vorwand genommen, um einen alten, erfahrenen Kreistagsabgeordneten loszuwerden.

Aber der Reihe nach: Gern hatte ich mich als Delegierter zur Wahlkreisdelegiertenkonferenz der örtlichen SPD wählen lassen. Dort aber entbrannte eine Debatte darüber, dass unbedingt jüngere Genossen oder Genossinnen einen Listenplatz bekommen sollten, und viele bedrängten mich, dafür zu kandidieren. Ein wenig geschmeichelt, aber auch aus Pflichtbewusstsein sagte ich zu. Ich begriff überhaupt nicht, dass es weder um mich noch um mein Alter ging, sondern lediglich darum, sich Adam Latrells, pensionierten Försters und SPD-Urgesteins aus dem Nachbarort Oberotterbach, zu entledigen. Unversehens stand ich ihm in einer Kampfkandidatur gegenüber, und weil die Stimmung aus mir unbekannten Gründen gegen ihn war, gewann ich. Noch größer aber war die Überraschung nach der Kreistagswahl: Die SPD schnitt besser ab als in den Jahren zuvor, und mein Listenplatz zog. So wurde ich Kreistagsabgeordneter.

Anfangs habe ich mich mit allen möglichen Themen befasst – Neulinge machen immer das, was die anderen übrig lassen. Trotzdem machte mir die Arbeit insgesamt enormen Spaß. Im zweiten Jahr spielte mir der Zufall eine neue Aufgabe zu: Der damalige Vorsitzende der Kreistagsfraktion, Karl Mundt, war Gewerkschaftssekretär in Ludwigshafen. Wenige Tage, bevor er die Haushaltsrede hätte halten sollen, teilte er uns mit, dass er mit seinen Leuten in einer Urabstimmung stehe und wegen seines Berufs an der Kreistagssitzung nicht teilnehmen könne. Eigentlich waren entweder die zwei Bürgermeister oder der ehemalige Kämmerer einer Gemeinde, Mitglieder unserer Kreistagsfraktion, prädestiniert, stellvertretend für den Vorsitzenden die Oppositionsrede zum Haushalt zu halten. Doch beide scheuten die Konfrontation mit dem Landrat aus Rücksicht auf kommunale Projekte, für die sie seine Unterstützung benötigten. Solche Konflikte sind durchaus nachvollziehbar, wenn man in einer Kommune die Mehrheit hat, im Kreistag aber nicht. Also hieß es bei den älteren Kollegen: »Mach du das mal.« So kam ich zu meiner ersten Haushaltsrede für die SPD, die damals im Kreistag in der Opposition war.

Ich entwickelte enormen Ehrgeiz, wollte meine Sache auf jeden Fall gut machen. Das gelang mir offensichtlich. Denn die Rede wurde mit ungewöhnlicher Aufmerksamkeit bedacht. Ich hatte kein Problem damit, eine Oppositionsrede zu halten – mir aber viel Mühe damit gemacht, seriös zu argumentieren.

Ich lieferte eine Tour d'Horizon ab, unterstützte in Teilen die Arbeit der Kreistagsmehrheit, hielt aber vielfach eigenständige Positionen dagegen. Ich hatte Änderungsanträge erarbeitet und dafür konkrete Deckungsvorschläge gemacht. Die Fraktion hatte das am Vorabend gebilligt. Die SPD stand also hinter mir. So konnte man die Argumente der jungen Abgeordneten nicht einfach als untauglich vom Tisch wischen. Unter anderem wollte ich die Mittel für die Schulausstattung anheben und im Gegenzug Repräsentationsausgaben kürzen. Das hat dem Landrat und der CDU-Mehrheit nicht gefallen. Doch in der lokalen Presse erregte es Aufmerksamkeit, dass eine Haushaltsdebatte einmal anders als nach den üblichen Ritualen ablief, bei denen man einander nicht wehtat.

Als ein Resultat jedenfalls erntete ich die Aufgabe des haushaltspolitischen Sprechers, später wurde ich stellvertretender Fraktionsvorsitzender. 1979 war dann ein ausgesprochen bewegtes Jahr: Ich zog nicht nur in den rheinland-pfälzischen Landtag ein, sondern wurde ebenfalls in den Gemeinderat von Steinfeld gewählt. Zehn Jahre später übernahm ich das Bürgermeisteramt und hielt es, bis ich 1994 Ministerpräsident von Rheinland-Pfalz wurde.

Bürgermeister und Streitschlichter

Ein Ortsbürgermeister hat eine Fülle von Verwaltungsaufgaben. Seine wichtigste ist für meine Begriffe allerdings jene, die Debatte über die Angelegenheiten der Gemeinde in Gang zu halten, damit man nicht über die Köpfe der Leute hinweg entscheidet. Man kann Politik für die Menschen nur gestalten, wenn man sie ihnen erklärt, wenn man zuhört, wo der Schuh drückt, und versucht, nach Lösungen zu streben, die Ausgleich schaffen und nachvollziehbar sind. Das gilt in der Kommunalpolitik übrigens genauso wie in der Bundespolitik. Eine Politik nicht deutlich zu vermitteln oder sich die Interpretation aus der Hand nehmen zu lassen, ist fast so schädlich wie vollkommen falsche Entscheidungen zu fällen. Das hat die SPD sehr deutlich an manchem Beispiel erfahren, zuletzt auch in meiner Zeit als Vorsitzender, worauf später noch einzugehen sein wird.

Als ich das Bürgermeisteramt in Steinfeld übernahm, tobte ein heftiger Streit um eine neu erbaute Gemeinschaftshalle. Mein Vorgänger von der CDU hatte – gegen die SPD-Meinung im Rat – so sehr in Planung und Errichtung der Halle eingegriffen, dass sie nicht mehr dem ursprünglichen Bebauungsplan entsprach. Dagegen hatten Anwohner geklagt, die sich durch den Betrieb in der Halle belästigt fühlten, vor allem, wenn viele Besucher ankamen oder nach dem Ende von Veranstaltungen oder ihrem Training die Halle verließen. Sie erhielten recht und die Gemeinde die Auflage, dass abends um acht Uhr die Pforten geschlossen werden mussten, um Störungen zu vermeiden. Das war natürlich eine Katastrophe. In dieser Halle waren Sportvereine aktiv, Chöre wollten proben, aber wenn die Aktiven Zeit dazu hatten, abends nach der Arbeit, durften die dafür errichteten Räumlichkeiten nicht benutzt werden.

Toller hätten es die Bürger von Schilda auch nicht treiben können. Jene von Steinfeld, die nicht in der Nähe der Gemeinschaftshalle wohnten, waren jedenfalls in die Berufung gegangen. Ich hielt es aber für klüger, die Angelegenheit unmittelbar mit den Betroffenen zu klären, und suchte das Gespräch mit den Nachbarn der Mehrzweckhalle. In der Nacht vor dem entscheidenden Termin beim Oberverwaltungsgericht, bei dem die Gemeinde natürlich wieder verloren hätte, ist es mir gelungen, einen Kompromiss auszuhandeln: Der Haupteingang der Halle wurde auf die Rückseite des Gebäudes verlegt. Das war baulich nicht die schönste Variante, aber die einzig praktikable, um den Betrieb zu ermöglichen. Die Wege zum Eingang wurden neu gestaltet, mit Pflanzen links und rechts ein gewisser Lärm- und Sichtschutz geschaffen. Auf diese Weise ist es mir gelungen, wieder Frieden im Dorf herzustellen. Die Vereine, deren Vertreter schon gedroht hatten, ihre Arbeit hinzuwerfen, konnten wieder trainieren und proben. Die Nachbarn, die kurz nach acht gern die Polizei riefen, wenn aus der Halle noch ein Laut drang, konnten mit der neuen Variante gut leben. Und die Gemeinde hat Millionen gespart, die angefallen wären, wenn der ganze Bau hätte abgerissen werden müssen. Zudem bin ich mir sicher: Kaum jemand im Ort weiß heute noch, dass die Architekten die Halle einmal anders geplant hatten.

Wer Kommunalpolitik als Klein-Klein abtut, hat für mich den Sinn politischer Arbeit nicht begriffen. Hier muss man sehr schnell und sehr unmittelbar geradestehen. Hier werden konkrete Lösungen verlangt, und es reicht nicht, Papier und Beschlüsse zu produzieren. Politik ist die Kunst des Machbaren. Dazu gehört auch: Fehler erkennen, neue Wege suchen und für diese um Verständnis werben. Natürlich lässt jeder Kompromiss Raum für Kritik. Um im Beispiel zu bleiben: Architektonisch gesehen ist die Umgestaltung der Steinfelder Mehrzweckhalle kein Ideal. Doch sie hat ein Problem aus der Welt geschafft und verschiedene Interessenlagen miteinander in Einklang gebracht. Das ist für meine Begriffe der Zweck aller politischen Arbeit: Alternativen zu finden, die praktikabel sind und den Menschen dienen. Dazu brauche ich keine Debatten über die reine Lehre. Die führen in der Regel nicht zum Ziel. Wenn ich etwas an politischen Debatten unausstehlich finde, dann sind es Prinzipienreiterei, Dogmatismus und ein Ausmaß an Abstraktion, das die Sorgen der Menschen außer Acht lässt.

Mein Politikverständnis entspricht vielmehr dem von Wilhelm Dröscher, den ich ohne Zögern als Vorbild angebe. Wilhelm Dröscher war Schatzmeister der Bundes-SPD und führte von 1970 bis zu seinem überraschenden Tod 1977 die rheinland-pfälzische SPD. Er wandte sich stets den Menschen direkt zu, kümmerte sich um deren Alltagssorgen. Das hat mich sehr beeindruckt. Dass die SPD noch alle zwei Jahre auf ihrem Bundesparteitag den Wilhelm-Dröscher-Preis verleiht, ist eine gute Tradition. Dieser Preis ehrt die Arbeit von Parteigliederungen und Arbeitsgemeinschaften, die besondere Bürgernähe mit der Lösung sozialer Probleme verbindet. Ich habe mich immer bemüht, ähnlich wie Dröscher zu arbeiten. Nach wie vor habe ich an bestimmten Sonntagen in meinem Elternhaus in Steinfeld meine Bürgersprechstunde, so halte ich Kontakt zu den Menschen. Sie schildern mir ihre alltäglichen Nöte und zeigen, was wirklich von der Politik erwartet wird. Für diese unmittelbare Kleinarbeit hat mir Dröscher ebenso imponiert wie Willy Brandt es für die großen weltpolitischen Linien tat.

5 »DU BIST NEU, DAS KANNST DU VERGESSEN« – VON STEINFELD NACH MAINZ

Kandidatenaufstellung im Auto

Klaus von Dohnanyi verdanke ich meinen Wechsel in die Landespolitik. Er wollte mich im Landtag sehen – und überzeugte mich. Nach einer Veranstaltung, die wir beide besucht hatten, wollte er unbedingt mit mir in meinem VW-Käfer mitfahren. Der damalige rheinland-pfälzische SPD-Landesvorsitzende und Bundesminister für Forschung und Technologie ließ seinen Dienstwagen nachkommen. Warum er den Käfer vorzog, wurde klar, als er während der Fahrt zu mir sagte: »Du musst für den Landtag kandidieren.« Das hat mir natürlich geschmeichelt. Schließlich war ich damals noch keine dreißig Jahre alt.

Hintergrund für diese Anwerbung war, dass Dr. Hans Blinn, der langjährige SPD-Landtagsabgeordnete aus Landau, überraschend seinen Rückzug aus der Landespolitik erklärte. Er hatte erhebliche gesundheitliche Probleme, die auf eine Beinamputation zurückgingen. Obwohl alle wussten, dass Blinn angeschlagen war, traf seine Entscheidung die Partei unvorbereitet. Natürlich gab es zahlreiche Interessenten für seine Nachfolge, darunter eine Ärztin und einige Lehrer. Dass Dohnanyi angesichts solcher Bewerbungen mich durchsetzen wollte, hat mich sehr gefreut – und auch mit Stolz erfüllt. Schließlich hatte ich nicht studiert und hätte mich zu diesem Zeitpunkt nicht um ein Landtagsmandat beworben.

Dohnanyi beeindruckte mich. Seine ruhige und bestimmende Art empfinde ich noch heute als ausgesprochen angenehm. Er verströmt eine ganz eigene Mischung aus Distanz und Zuneigung. Genau das aber kann überzeugender sein als so manche demonstrative, kumpelhafte Freundlichkeit. Er hat mir damals sowohl als brillanter Debattierer als auch als leidenschaftlicher Kämpfer imponiert. Mit voller Kraft warf er sich 1979 in die Spitzenkandidatur bei der Landtagswahl in Rheinland-Pfalz. Ich unterstützte ihn nach Kräften, war bereits an seiner Seite, als er für den Bundestag kandidierte. In solchen Zeiten nahm ich eine oder zwei Wochen Urlaub – Geld für eine Reise hatte ich ohnehin nicht – und begleitete ihn zu Veranstaltungen, fuhr mit einem VW-Bus Informationsmaterial zu den Ortsvereinen oder diskutierte an den Straßenständen.

Noch heute haben wir eine enge Verbindung. Ich schätze seine Erfahrung, und es hat mich außerordentlich gefreut, dass er zu meinem dreißigjährigen Parteijubiläum 2002 aus Hamburg nach Steinfeld kam und mir gratulierte. Im Jahr 2007, als Parteivorsitzender, war es wiederum mir eine Herzensangelegenheit, an Klaus von Dohnanyis Rolle für meinen politischen Werdegang zu erinnern und ihm vor den Delegierten des Hamburger Parteitags für seinen Rat und sein Vorbild zu danken.

Überraschend siegreiche Dreizehn

Bei der Landtagswahl 1979 kandidierte ich also als Direktkandidat in der Südpfalz und stand zugleich auf dem dreizehnten Listenplatz in einem der vier Großwahlkreise, die das damalige Wahlrecht vorschrieb. Für den Fall, dass wir Oppositionspartei bleiben würden, war mein Einzug in den Landtag trotzdem sicher. In Rheinland-Pfalz gab es nämlich für jeden Listenbewerber einen unmittelbaren Ersatz. Für von Dohnanyis Listenplatz war ich dieser »Klammerkandidat«. Uns allen war klar: Im Fall einer Niederlage würde er nicht sein Ministeramt in Bonn aufgeben, um in den rheinland-pfälzischen Landtag zu ziehen und dort die Opposition anzuführen. Wohl aber wollte er Landesvorsitzender bleiben.

In der Tat haben wir am Ende zwar nicht gewonnen, aber einen fulminanten Erfolg erzielt: dreiundvierzig Sitze für die SPD. Bernhard Vogel, der damalige CDU-Ministerpräsident, konnte es kaum fassen. Er hatte sich auch schwergetan, von Dohnanyi Paroli zu bieten. Das Ergebnis jedenfalls war so gut, dass selbst Platz dreizehn zog. Es sollte aber noch besser kommen. Das wurde aber erst im Lauf der Nacht deutlich. Als sicher konnte angenommen werden, dass ich aufgrund der Position hinter von Dohnanyi im Landtag war. Wir feierten eine große Party. Die Anspannung nach dem kräftezehrenden Wahlkampf war wie weggeblasen. Alle Mithelfer befanden sich in unserem von mir ausgebauten Partykeller in Steinfeld. Meine Frau hatte alles vorher wunderbar organisiert, während ich noch morgens die *Zeitung am Sonntag*, die damalige Wahlkampfzeitung der SPD, austrug. Der Höhepunkt für mich war aber, als nachts der Landeswahlleiter mitteilen ließ, ich sei direkt in den Landtag von Rheinland-Pfalz gewählt. Das war ein großartiges Gefühl.

Wie überraschend unser gutes Ergebnis war, illustriert das Beispiel von Willi Schmidt. Der Bürgermeister von Althornbach, ein begnadeter Kenner von Gedichten und Vortragskünstler, stand auf dem Landeslistenplatz hinter mir. Er rechnete aber nicht mit irgendwelchen Folgen, sondern war längst ins Bett gegangen, als ich ihn von unserer Wahlparty aus anrief: »Willi, du bist im Landtag.« Er wollte es erst nicht glauben, dachte, ich würde ihn auf den

Arm nehmen. In unserem Partykeller feierten wir dann bis in den frühen Morgen.

Neuling im Landtag

Die Ernüchterung kam aber sehr bald, nämlich gleich am ersten Tag im Landtag. Es gab einen Empfang für die alten und die neuen Fraktionsmitglieder. Ich ging völlig unbedarft dorthin und setzte mich auf einen freien Platz. Von diesem wurde ich aber sofort vertrieben. Die Altvorderen meinten, so gehe das nicht, in dieser Reihe säßen ausschließlich die Rheinland-Hessen-Nassauer. Südpfälzer würden woanders platziert sein. Ich fragte mich, wo ich da nur hingeraten war. Man saß nach Parteibezirken getrennt und duldete keine Grenzüberschreitung. So kleinkariert hatte ich mir die Landtagsfraktion nicht vorgestellt.

Als Nächstes wurden mir meine Grenzen gezeigt, als es um die Mitgliedschaft in den Fachausschüssen ging. Den Bereich Bildung, für den sich viele Interessenten meldeten, wollte ich gar nicht übernehmen. Doch aufgrund meiner Erfahrung im Kreistag wäre ich gern in den Haushaltsausschuss gegangen. Da hieß es aber sogleich: »Du bist neu, das kannst du vergessen.« In den Landtagen und auch im Bundestag ist der Haushaltsausschuss etwas Besonderes. Er hat oft das letzte Wort, wenn es ums Geld geht. Deshalb wollte man dort keine Parlamentsneulinge sehen. Die »alten Hasen« stellten sich in den Weg. Also habe ich mich für die Sozialpolitik entschieden, was sich in einem Land stets reizvoll darstellt, weil die Arbeit sehr konkret ist. Damals ging es darum, eine längst überfällige Krankenhausreform auszuarbeiten.

Als weitere Aufgabe fiel mir das Beamtenrecht zu. Ich

war zwar nie Beamter, aber dafür war ich durch meine Gewerkschaftsschulungen keineswegs schlecht vorbereitet. Zudem nahm ich mir ein eigenes Projekt vor und entwarf ein völlig neues Landespersonalvertretungsgesetz. Ich arbeitete daran wie ein Berserker. Handschriftlich erstellte ich eine Synopse: Zunächst zeigte ich das Bundesrecht auf, hielt daneben das gültige Landesgesetz, und in einer dritten Rubrik schrieb ich meinen neuen Entwurf. Das Ganze brachte ich anschließend über meine Fraktion in den Landtag ein – und verschaffte mir damit einiges an Renommee.

Später schrieb ich mit Fachleuten – einer davon war der spätere Staatssekretär Richard Auernheimer – ein Gesetz über den Maßregelvollzug, also darüber, wie mit psychisch kranken Straffälligen umzugehen ist. In meinem Wahlkreis liegt der Ort Klingenmünster, in dem sich eine große psychiatrische Klinik befindet. Dank einer Vielzahl von Bekannten aus der Partei und einigen Freunden, die dort als Psychologen, Ärzte oder Pflegekräfte arbeiteten, aber auch durch diverse Berichte wurde mir vor Augen geführt, wie reformbedürftig die Psychiatrie in Rheinland-Pfalz war. Das Land hatte sich seinerzeit an der Psychiatriereform des Bundes nicht beteiligt, was nicht zuletzt dazu führte, dass nun finanzielle Mittel fehlten. Ich entwickelte also ein Konzept, wie eine sinnvolle und finanzierbare Arbeit mit psychisch kranken Straftätern aussehen konnte. Mit beiden Themen ist es mir gelungen, die SPD in die Vorhand zu bringen. Denn unsere politischen Gegner konnten die Dringlichkeit des Themas nicht vom Tisch wischen.

Die Arbeit im Landtag war allgemein relativ mühsam. Denn anders als heute gab es so gut wie keine organisatorische Unterstützung. Für alle SPD-Abgeordneten – außer den Funktionsträgern – existierte nur ein Großraumbüro. Schreibkräfte oder gar wissenschaftliche Mitarbeiter standen uns nicht zur Verfügung, lediglich konnte jeder Abgeordnete ein Schließfach sein Eigen nennen, weiterhin waren wir mit einigen Telefonen und ein paar Sofas ausgestattet. In der Mittagspause waren diese – ein weiteres ungeschriebenes Gesetz – für die Älteren reserviert, die darauf ein Nickerchen hielten. Später erhielt die Fraktion eine Diktieranlage. Mit ihr konnte man telefonisch, auch von zu Hause aus, Briefe diktieren. Bis man solche Briefe aber in Schriftform in Händen hielt, war das, was man aufgesprochen hatte, so aktuell wie der Schnee vom letzten Winter. Also habe ich meistens selbst in die Tasten der Schreibmaschine gehauen.

Erst Ende der neunziger Jahre wurden die Arbeitsstrukturen für Abgeordnete im Land verbessert. In der Rückschau fragt man sich, wie die politische Arbeit unter den früheren organisatorischen Bedingungen funktionieren konnte. Doch damals waren uns die Erschwernisse gar nicht so bewusst. Man lebte damit und hielt die vorhandenen Kommunikationsstrukturen für selbstverständlich. Als die ersten Computer aufkamen, war es eine große Erleichterung, auch wenn man anfangs den Umgang damit lernen musste. Trotzdem arbeite ich noch heute nicht gern damit, vertraue aber darauf, im Fall, dass es unvermeidlich wird, technisch nicht völlig aufgeschmissen zu sein.

Unterstützung für Scharping

In den ersten Jahren als Landtagsabgeordneter wollte ich mich nicht komplett von der Politik abhängig machen. Deshalb arbeitete ich in einer Teilzeitregelung weiterhin in meinem Beruf. Ich blieb Bezirkspersonalratsvorsitzender in Heidelberg und war dort zweiundzwanzig Stunden pro Woche aktiv. Die Stundenzahl sicherte mir das aktive und passive Wahlrecht für diese Funktion. Bis 1984 bin ich derart zweigleisig gefahren – und war in dieser Zeit kurz davor, aus der Politik auszuscheiden, weil sich mir eine andere reizvolle Aufgabe bot. Die damalige ÖTV-Vorsitzende Monika Wulf-Mathies verabredete sich eines Tages mit mir und fragte, ob ich mir vorstellen könnte, für den geschäftsführenden Hauptvorstand der Gewerkschaft zu kandidieren. Ein Kollege würde ausscheiden, der unter anderem für das Tarifrecht zuständig sei. In diesem Bereich kannte ich mich gut aus, weil ich als ehrenamtliches Vorstandsmitglied auf der Bundesebene eine derartige Zuständigkeit besaß. Ich hätte mir eine solche Arbeit also sehr gut vorstellen können. Doch dann kam alles anders.

Klaus von Dohnanyi war zwischenzeitlich nach Hamburg gewechselt. Willy Brandt hatte ihn darum gebeten, da der Landesverband nach dem Rücktritt von Hans-Ulrich Klose vom Amt des Bürgermeisters 1981 auseinanderzubrechen drohte. Dohnanyis Aufgabe in Rheinland-Pfalz hatte Hugo Brandt übernommen. Er war ein hervorragender Mann und Bundestagsabgeordneter, aber mit ihm als Spitzenkandidaten hatten wir bei der Landtagswahl 1983 kein gutes Ergebnis einfahren können. Dennoch wurde er Fraktionsvorsitzender. An seiner Seite stand Rudolf Scharping als parlamentarischer Geschäftsführer. Die Wahl Scharpings in dieses Amt war einer kleinen Revolution gleichgekommen. Üblicherweise wurde bei solchen Entscheidungen nach Bezirken abgestimmt, deren Grenzen dafür verantwortlich waren, dass ich an meinem ersten Tag in der Fraktion nicht auf dem von mir gewählten Platz sitzen bleiben durfte. Man wählte niemanden aus einem anderen Bezirk – es sei denn, man hätte sich dessen Unterstützung an einer anderen Stelle versichert. Nach dieser Tradition hätte Scharping keine Chancen gehabt.

Wir Jüngeren in der Fraktion sahen aber keinen Sinn in diesem Verfahren. Wir setzten uns darüber hinweg und verschafften über Bezirksgrenzen hinweg Rudolf Scharping die Mehrheit. Er war nun also parlamentarischer Geschäftsführer – und musste die Dinge von heute auf morgen neu ordnen, als Hugo Brandt 1985 plötzlich schwer erkrankt ausfiel und seine Ämter letztlich sogar endgültig aufgeben musste. Er ist vier Jahre später gestorben, viel zu früh.

Scharping sollte Fraktionsvorsitzender werden und bot mir sein Amt als parlamentarischer Geschäftsführer an. Das geschah zwei Tage vor dem verabredeten Treffen mit Monika Wulf-Mathies, in dem wir über ihren Vorschlag konkret sprechen wollten. Ich nahm zuvor jedoch Scharpings Angebot an. Hätte sich der Wechsel in der Fraktionsspitze also nur wenige Tage später ergeben, hätte ich mit größter Wahrscheinlichkeit der ÖTV-Vorsitzenden zugesagt und wäre aus der Landespolitik ausgeschieden. Denn einmal gemachte Zusagen halte ich. Von diesem Prinzip bin ich nie abgewichen.

Die SPD-Fraktion in Rheinland-Pfalz war damals in einer derart schlechten Verfassung, dass ich Rudolf Scharping spontan meine Unterstützung versichert hatte. Und als ich zusätzlich zum Amt des parlamentarischen Geschäftsführers der Fraktion auch noch ehrenamtlicher Landesgeschäftsführer der Partei wurde, war der Zeitpunkt gekommen, an dem ich mich endgültig entscheiden musste, Berufspolitiker zu werden.

Die Tätigkeit als Landesgeschäftsführer gilt eigentlich als Fulltimejob, den jemand hauptamtlich ausübt. Zwei

Aufgaben gleichzeitig – Landtagsabgeordneter und Bezirkspersonalrat –, das war noch zu schaffen, mehr aber nicht. So schied ich nach über zwanzig Jahren mit sechsunddreißig bei der Bundeswehr aus und wurde Berufspolitiker.

6 SCHWIERIGE JAHRE, PRÄGENDE ZEITEN

Auch mein Idol: Willy Brandt

Als ich Willy Brandt zum ersten Mal bewusst erlebte, war ich noch ein Junge. Es war das Jahr 1961, Brandt trat erstmals als Kanzlerkandidat an, damals gegen den mittlerweile fünfundachtzigjährigen Konrad Adenauer. Mein Vater nahm mich mit nach Landau zu einer Wahlkundgebung. Wir standen inmitten einer Menschenmenge. Und wie zuvor, als Max Seither in unserem Ort gegen die Wiederbewaffnung zu Felde zog, verstand ich als Zwölfjähriger nicht die Zusammenhänge von dem, was dort oben auf dem Podium geredet wurde. Doch der Mann, der da sprach, Berliner Regierender Bürgermeister und Kanzlerkandidat, beeindruckte mich. Ich fand es beachtlich, dass ein solch bedeutender Mann in unser kleines Landau kam. Ich hatte damals noch keine Ahnung von Wahlkämpfen. Willy Brandt ging nicht nur in die Städte und sprach auf Großkundgebungen, sondern reiste auch zu uns in die sogenannte Provinz. Das trug ihm bei den Menschen in meiner Umgebung Respekt ein, was sich am Ende mit einem Stimmenzuwachs für die SPD niederschlug. Bedauerlicherweise reichte es nicht für einen Regierungswechsel. Immerhin aber war ein großer Erfolg erzielt: Die absolute Mehrheit der CDU war gebrochen.

Fortan habe ich Brandts Werdegang mit großem Interesse verfolgt, auch die Diffamierungsbemühungen aus dem Unionslager. Man erinnere sich: Franz Josef Strauß verstieg sich mit Blick auf die Exiljahre Willy Brandts zu der Frage: »Eines wird man Herrn Brandt doch fragen dürfen: Was haben Sie zwölf Jahre lang draußen gemacht? Wir wissen, was wir drinnen gemacht haben.« Und gab so dem ungeheuerlichen Vorwurf des angeblichen Vaterlandverrats Nahrung. Adenauer wandte des Öfteren die Formulierung »Brandt alias Frahm« an, womit er auf die nichteheliche Herkunft von Willy Brandt anspielte.

Instinktiv habe ich diese Äußerungen für unsäglich gehalten. Noch heute ist für mich klar, dass Persönliches aus der politischen Auseinandersetzung herauszuhalten ist. Das Privatleben, die Herkunft, der Glauben und auch die sexuelle Ausrichtung haben in der politischen Diskussion nichts verloren. Es geht allein um die Inhalte. Damit muss man den Gegner stellen, nicht mit privaten Lebensumständen.

Willy Brandt habe ich erst 1972 wieder getroffen. Er liebte die Pfalz, und in diesem Jahr unternahm er als Bundeskanzler eine Wanderung in der südlichen Region von Rheinland-Pfalz – natürlich mit großem Gefolge. Ich als junges Parteimitglied war einer von vielen, die im Pulk dabei sein durften. Erst später habe ich ihn persönlich kennengelernt.

Ich erinnere mich noch genau an den Tag seines Rückzugs vom Amt des Regierungschefs. Wir saßen zusammen in kleinem Kreis mit Klaus von Dohnanyi, als die Nachricht eintraf, Brandt habe vor dem Hintergrund der Enttarnung seines engsten Mitarbeiters Günter Guillaume als DDR-Spion seinen Rücktritt als Bundeskanzler eingereicht. Wir waren zunächst geschockt, haben daraufhin aber sofort beschlossen, eine Parteiversammlung abzuhalten, sodass die Genossinnen und Genossen über das Ereignis, das alle bewegte, reden konnten. Viele waren verunsichert, wussten nicht, was diese Entscheidung für die Partei und das Land bedeuten würde. Wir alle empfanden die Situation als Tiefschlag, als schweren Verlust und als Hemmschuh für die Verwirklichung unserer Idee einer gerechten und friedlichen Gesellschaft. Aber es war auch sehr schnell klar, nur eine zügige Auflösung des Machtvakuums konnte verhindern, dass die SPD in Selbstmitleid und Lethargie versank und nur zwei Jahre nach ihrem großen Wahlsieg ihre Regierungsfähigkeit riskierte. Unsere Hoffnungen richteten sich deshalb sehr bald auf Helmut Schmidt, der nach dem Rücktritt von Brandt das Amt des Bundeskanzlers übernahm.

Herausforderung Terrorismus

In die Regierungszeit von Schmidt, die bis 1982 ging, fallen zwei große Vorgänge, die meine Vorstellung von politischer Arbeit geprägt haben. Das war zum einen die Abwehr des Terrors der Roten Armee Fraktion und zum anderen die Auseinandersetzung um den NATO-Doppelbeschluss.

Der Hass und die Menschenverachtung, die sich in der Gewalt der RAF ausdrückten, waren für mich nie nachvollziehbar. Ich hatte keinerlei Verständnis dafür, dass man politischen Kampf in derartige Brutalität und Kaltblütigkeit abrutschen lassen konnte. Das empfand allerdings nicht nur ich so. Auch den Leuten, mit denen ich zu tun hatte, die alle leidenschaftlich für ihre gesellschaftlichen Ziele kämpften, ging es ähnlich. Dass sich selbsternannte Linke nicht zu schäbig waren, angesichts des Mordes an Generalstaatsanwalt Siegfried Buback von »klammheimlicher Freude« zu sprechen, da eröffnete sich für mich ein Abgrund. Es ist gegen jeden menschlichen Anstand und gegen jede politische Kultur. Noch heute finde ich das als empörend.

In Deutschland brach in diesem Zusammenhang eine heftige Diskussion los, ob der Staat auf die Erpressung durch Terroristen eingehen konnte und durfte. Nach der Entführung des Berliner CDU-Politikers Peter Lorenz, der 1975 im Austausch gegen Häftlinge freigekommen war, hatte Helmut Schmidt deutlich gemacht, dass der Staat sich nie wieder erpressen lassen werde. Ich weiß noch genau, wie mich damals diese Entscheidung beeindruckte. Sie entsprach meinem Verständnis von Recht und Sicherheit. Menschlich gesehen empfand ich die daraus folgenden Konsequenzen allerdings geradezu als unerträglich. Wenn Helmut Schmidt noch heute davon spricht, er trage Mitschuld am Tod der beiden in Stockholm ermordeten Diplomaten und an dem von Hanns Martin Schleyer, so zeigt das, in welch ein persönliches und politisches Dilemma staatspolitische Verantwortung führen kann. Ich weiß noch genau, dass ich damals einen solchen Beschluss nicht hätte treffen wollen. Niemand wird sich gern in einer solchen Lage sehen. Doch ist das Teil des Preises, den ein hohes Staatsamt verlangt.

In den siebziger Jahren drängte sich auch eine Debatte darüber auf, ob der Staat die Freiheitsrechte einschränken darf, um Gewalt und Terrorismus Erfolg versprechend bekämpfen zu können. Seit den Anschlägen vom 11. September 2001 führen wir diese Auseinandersetzung erneut. Die rot-grüne Bundesregierung unter Gerhard Schröder und mit Innenminister Otto Schily erhöhte die Sicherheitsstandards, ohne Freiheit einzuschränken. Die SPD hat stets dazu gestanden – und wird dies auch in Zukunft tun –, der Polizei und den Sicherheitskräften die notwendigen Mittel an die Hand zu geben, um gegen internationalen Terror wie auch gegen organisierte Kriminalität erfolgreich vorgehen zu können. Aber wir wissen ebenso, wo die durch die Verfassung gesetzten Grenzen liegen. Der Zweck der Demokratie ist die Gewährleistung der Freiheit, zugleich erwarten die Bürger zu Recht ein hohes Maß an Sicherheit. Deshalb müssen wir beides anstreben, aber nicht das eine auf Kosten des anderen.

Mir ist beispielsweise vollkommen unverständlich, wie Verteidigungsminister Franz Josef Jung von der CDU im Gegensatz zum Bundesverfassungsgericht im Herbst 2007 erklären konnte, im Zweifelsfall den Abschuss eines voll besetzten Flugzeugs zu befehlen. Noch viel bedenklicher ist, dass Bundesinnenminister Wolfgang Schäuble trotz seiner besonderen Verantwortung für die Verfassung diese Meinung teilt. Ich weiß, in welch problematische Entscheidungssituationen Politiker und Politikerinnen kommen können. Wir haben es am Beispiel von Helmut Schmidt erlebt. Trotzdem halte ich eine solche Festlegung für nicht hinnehmbar. Sie beugt die Verfassung, sie stürzt die Untergebenen in Gewissenskonflikte, sie zwingt im Katastrophenfall zu einer Konsequenz, die im konkreten Geschehen möglicherweise gar nicht angebracht ist.

Die SPD wird immer das Grundgesetz achten, und sie wird sich, wie bei dem umstrittenen Projekt der Online-Durchsuchungen, stets dafür stark machen, die Freiheitsrechte der Bürger und die Anwendung rechtsstaatlicher Prinzipien zu gewährleisten. Sozialdemokraten haben in der Geschichte schließlich allzu oft erfahren müssen, wohin es führt, wenn staatliche Machtbefugnisse ausufern.

Meine Stimme gegen die Mehrheit

Die SPD ist die deutsche Friedenspartei. Vor diesem Hintergrund ist es im Rückblick nicht verwunderlich, dass der NATO-Doppelbeschluss von 1979 heftige Debatten auslöste. Ich war damals ein Befürworter dieser Politik. Dafür habe ich mir auf dem pfälzischen Bezirksparteitag enormen Ärger eingehandelt. Ich leitete eine Arbeitsgruppe zu diesem Thema. Eigentlich war das die Aufgabe von Adolf Müller-Emmert, dem Bundestagsabgeordneten aus Kaiserslautern. Er hatte jedoch kein großes Bedürfnis, dieses strittige Thema anzugehen, und hat die Aufgabe mir, »dem jungen Parteifreund«, aufs Auge gedrückt. Ich habe mich daraufhin intensiv mit dieser Problemstellung auseinandergesetzt.

Intuitiv hielt ich die Position von Helmut Schmidt für richtig. Das »Gleichgewicht des Schreckens« war immerhin ein Gleichgewicht. Alles andere hätte nach meiner Überzeugung die Gefahr, dass aus dem Kalten Krieg richtiger Krieg werden könnte, nur vergrößert. Doch wollte ich argumentativ gut gewappnet sein.

Die allgemein geführten Diskussionen waren mir zu emotional. Ich wollte zunächst die Fakten genau kennen. Jede Gelegenheit, auch meine Zugfahrten von Steinfeld nach Mainz, nutzte ich, um mir alles erreichbare Wissen zu diesem Beschluss anzueignen. Selbst danach stand für mich fest: Die Stationierung der amerikanischen Pershing-II-Raketen und Cruise Missiles war notwendig, um die Kriegsgefahr zu bannen.

Was die eine Seite als notwendige Wiederherstellung des Gleichgewichts betrachtete, sah die andere als aggressive Nachrüstung. Der Konflikt war groß, die Partei gespalten. Ich schrieb ein Positionspapier, das ich in die Debatten im Landtag einbrachte, aber auch auf dem Bezirksparteitag. Die Folge war ein Donnerwetter. Meine Arbeitsgruppe stimmte mehrheitlich gegen den Doppelbeschluss. Alles Reden und Argumentieren half nicht. Als ich unser Ergebnis im Plenum des Parteitags vorstellte, warf man mir vor, ich hätte die beschlossene Ablehnung des Doppelbeschlusses nicht hart genug dargestellt. Alle wussten, dass ich für die von der Minderheit vertrene Auffassung, also die Befürwortung, stand. Wahrscheinlich wurde ich deswegen nicht als Delegierter für den Bundesparteitag 1983 in Köln gewählt. Dort erteilte man der Nachrüstungspolitik des mittlerweile gestürzten SPD-Kanzlers Helmut Schmidt eine klare Absage.

Die Diskussion um die Nachrüstung hatte gerade in Rheinland-Pfalz eine besondere Gewichtung, schließlich wurden Atomwaffen in diesem Bundesland stationiert: Ramstein, Büchel, Bitburg, Sembach und Zweibrücken waren zudem die Standorte für die Jagdbombergeschwader. In Fischbach lagerte man Giftgas ein, auf dem Hunsrück wurde eine Mittelstreckenbasis vorbereitet. Diese Ballung an hochgefährlichen Kampfstoffen und Waffen beunruhigte die Menschen, was ich nachvollziehen konnte. Ich war heilfroh, als in Folge der Konferenz für Sicherheit und Zusammenarbeit in Europa (KSZE) die Anstrengung unternommen wurde, über Abrüstung überhaupt zu reden. Ebenso, dass man in den Jahren nach dem Doppelbeschluss ernsthafte Abrüstungsschritte zwischen den damaligen Großmächten vereinbarte.

Diejenigen, die sich in der Friedensbewegung engagierten und gegen die Massenvernichtungswaffen demonstrierten, konnte ich sehr gut verstehen. Ich hatte für diese Menschen eine grundlegende Sympathie. Allerdings muss ich gestehen, dass ich mich bei den Blockaden von Militäreinrichtungen fragte: Was konnten die Soldaten und ihre Familien dafür, dass an ihren Standorten brandgefährliche Waffen lagerten? Sie jedenfalls mussten die Einschränkungen ertragen, die sich daraus ergaben, dass verschiedene Militärgelände von Tausenden Demonstranten belagert wurden.

Aus heutiger Sicht lässt sich sagen, dass die Strategie der Abschreckung richtig war. Es hat sich gezeigt, dass die sowjetische Führung auf die klare Haltung der NATO mit Verhandlungsbereitschaft reagierte. Wäre der Westen zögerlich gewesen, hätte er Sicherheitslücken zugelassen. Wer weiß, ob in diesem Fall ein Einlenken denkbar gewesen wäre. Wer weiß auch, ob zu späterer Zeit ein Michail Gorbatschow seinen Weg der Perestroika hätte gehen können.

Im Rückblick denke ich, dass viele Faktoren zusammengewirkt haben, bis es zur Öffnung des Sowjetstaats, seiner späteren Auflösung und zur Vereinigung Deutschlands und Europas kommen konnte: etwa die Entspannungspolitik Willy Brandts, die Bürgerbewegungen vor allem in der Tschechoslowakei und Polen, die auch im Ostblock unvermeidlichen Menschenrechtsdebatten, die feste Haltung in der westlichen Sicherheitspolitik und die zunehmenden wirtschaftlichen Probleme der Ostblockstaaten.

Politisch haben mich die siebziger Jahre sehr geprägt. Die wichtigen Debatten über die Forderung nach mehr Demokratie, mehr Gerechtigkeit und nach gesellschaftlicher Erneuerung bestimmten das Klima im Land und wurden von den beiden großen Konfliktthemen Terrorismus und Sicherheitspolitik nicht völlig verdrängt.

Zugleich war meine Arbeit vor Ort äußerst praxisnah. Es ging um Straßenbau und Gewerbeansiedlung, um Kindergärten, Schulen und Seniorenheime. Bei solchen Themen blieb man bürgernah. Man lernt durch sie, was die Menschen von den gewählten Volksvertretern erwarten. Nicht die Machtspielchen, nicht die Grundsatzdiskussionen stehen im Vordergrund, sondern ob wir Politiker die Sorgen und Ängste der Menschen begreifen, ob wir Abhilfe schaffen und konkrete Ergebnisse erreichen können.

Von Anfang an ging und geht es mir in meiner Arbeit als Betriebsratsvorsitzender, als Abgeordneter im Kreis- oder Landtag, als Bürgermeister und als Ministerpräsident vorrangig darum, die Lebens- und Arbeitsbedingungen derer zu verbessern, für die ich verantwortlich bin. In diesem Verständnis von Politik bin ich immer wieder bestätigt worden.

»Die streiten wieder«

Diese Grundeinsicht von Sinn und Zweck demokratischer Politik bestimmte auch meine Tätigkeit als Vorsitzender der SPD. Aus dieser Perspektive erscheint mir noch heute manches an der Bundespolitik verbesserungsbedürftig.

Auf dem Hamburger Parteitag 2007 habe ich das Motto »Nahe bei den Menschen« ausgerufen. Mir ist es wichtig, dass die sozialdemokratischen Spitzenpolitiker mit den Bürgerinnen und Bürgern möglichst direkt sprechen, um ihre wirkliche Lebenssituation zu sehen und zu verstehen. Das heißt nicht, den Leuten nach dem Mund zu reden. Im Gegenteil: Das bedeutet eine ehrliche Auseinandersetzung um realistische Politik, die von den Bürgern verstanden und akzeptiert werden kann.

In dieser Hinsicht kommt natürlich auch den Medien eine große Bedeutung zu. Ich finde es äußerst bedauerlich, dass die deutsche Publizistik in weiten Teilen ihrer Aufgabe einer inhaltlichen Analyse nicht gerecht wird, besonders dann, wenn die Berichterstattung überwiegend von Machtfragen dominiert wird. Es geht häufig allein um die Frage, wer mit wem welche Bündnisse schließt. Sachfragen treten dabei in den Hintergrund. Am Ende interessiert nur, wer mit seiner Position gesiegt hat oder unterlegen ist. Das ist keineswegs unspannend und kann auch sehr aufschlussreich sein, zudem gehört es zur Politik dazu. Schließlich brauchen wir Mehrheiten – also Macht –, um konkrete Verbesserungen durchsetzen zu können. Aber ich fürchte, dass durch eine einseitige Berichterstattung bei der Bevölkerung nur die Botschaft ankommt: »Die streiten wieder.«

Wenn Zeitungen und Redaktionen von Radio- und Fernsehsendern auf eine derartige Kritik reagieren, indem sie mit Beispielen einer kompetenten Berichterstattung aufwarten, so kann das nicht bestritten werden. Diese inhaltsbezogenen Artikel und Beiträge lassen sich immer wieder finden. Ich bleibe aber dabei: Die vorrangige Tendenz ist jene, viele inhaltliche Positionen unter dem Aspekt von streitigen Auseinandersetzungen und Machtkämpfen zu betrachten und darauf zu reduzieren. Übrigens ist noch eine weitere Ausrichtung festzustellen: Nicht wenige Journalisten schreiben mit Vorliebe die eigene Meinung auf, noch bevor sie den Sachverhalt und die Lösungsvorschläge der Politiker dargestellt haben.

Die Menschen, die wir mit den Hauptnachrichtensendungen und den Titelseiten von Zeitungen erreichen wollen, gehen uns durch dieses Vorgehen verloren. Die viel beklagte Politikverdrossenheit entsteht nicht bei denen, die sich umfassend informieren. Sie wird von jenen getragen, für die Politik nur am Rande mitläuft, die das Gerede in

Talkshows für wahre Politik halten. Genau diese Menschen müssen wir aber mobilisieren, wenn wir uns in Zukunft nicht damit abfinden wollen, dass die Wahlbeteiligung bei nur 40 Prozent liegt.

Für nicht minder schwierig, in diesem Fall sogar unsäglich, halte ich das Geschäft der sogenannten Spin-Doktoren. Jener Spezies also, die jeder Nachricht den passenden Dreh geben soll. Dass Politik immer mehr von solchen Spin-Doktoren interpretiert wird, ist für meine Begriffe ein großes Problem. Diese Berater manipulieren die Dinge, anstatt sie zu nehmen, wie sie gesagt wurden. Man redet über Dritte, ohne das direkte Gespräch mit ihnen zu suchen. Das ist wenig hilfreich.

Angesichts einer derartigen Entwicklung sind Politiker durchaus selbst gefordert, sich zurückzuhalten. Es kann sinnvoll sein, Journalisten in Hintergrundgesprächen über eigene Absichten und Projekte zu informieren, aber es ist eine Unart, Bemerkungen über andere zu machen, gerade wenn sie nicht zum Zitieren gedacht sind. Sollten sie dennoch in Umlauf gebracht werden, muss man nicht zu ihnen stehen. In den meisten Fällen wird dennoch Schaden angerichtet. Dies ist eine Fehlentwicklung des Berliner Politikbetriebs, durch die nichts Konstruktives erreicht wird. Da ist mir die offene und unmittelbare Auseinandersetzung lieber.

Solchen Vorgehensweisen verweigere ich mich. Ich sage, was ich meine, und ich brauche auch keine Interpretation meiner eigenen Worte, keine Analyse dessen, was sonst noch gemeint sein könnte. Ich kritisiere andere im persönlichen Gespräch und öffentlich nur in der Sache. Ich muss auch nicht jeden Tag eine Machtdemonstration aufführen, nur weil Medien es für erforderlich halten. Bisher habe ich mich ohne solch ein Verhalten durchgesetzt, und so will ich es auch weiter handhaben. Wenn diese Einstellung der Grund dafür ist, dass manche meinten, ich sei »in Berlin nicht angekommen«, konnte und wollte ich das nicht ändern.

Welchen Typus von Politiker wollen wir denn in Deutschland? Wenn in den Medien nur diejenigen akzeptiert sind, die über die Köpfe der Menschen hinwegreden, deren Leidenschaft das Abstrakte, die Theorie und das Denken in mehr oder weniger wissenschaftlichen Strukturen ist, wenn allein die kühlen Machtmenschen favorisiert werden, zu denen Angela Merkel gehört, dann dürfen wir uns nicht wundern, wenn die Menschen sich von der Politik abwenden.

Weder wollen wir, dass Politiker die Menschen bevormunden, noch dass sie ihnen nach dem Mund reden. Der Politikertypus des Populisten, der den Menschen das Blaue vom Himmel verspricht und Erwartungen weckt, von denen er wissen muss, dass sie unerfüllbar sind, ist das Schlechteste, was der Demokratie passieren kann. Oskar Lafontaine entspricht diesem Typus. Da werden immer neue Strohfeuer entzündet in oft mitreißender Rede, am Ende aber stehen Enttäuschung und Politikverdrossenheit.

Miniaturausgaben von diesem Populistentypus gibt es viele. Sie verlassen gern kurz vor einer Wahl den Kurs, den sie selbst eingeleitet und verabredet haben, um ihn aber danach ungehindert fortzusetzen. Einem solchen Vorwurf setzt sich beispielsweise die CSU im bayerischen Landtagswahlkampf des Jahres 2008 aus.

Gerhard Schröder ist das Gegenbeispiel. Er hat mit allen Mitteln seiner Macht als Bundeskanzler eine Politik durchgesetzt, die am Anfang des 21. Jahrhunderts und in der wirtschaftlichen Lage unseres Landes unausweichlich und richtig war. Uns allen zusammen gelang es aber nicht, die Mehrheit der Menschen von diesem Reformkurs zu überzeugen, sondern sie fühlten sich von ihm überfordert. Erst nach und nach, angesichts der Erfolge einer Politik für Wachstum, Beschäftigung und Zukunftssicherung des Sozialstaats, ebbt der Streit darüber ab – und die Zustimmung wächst. Zunächst aber häuften sich die Wahlniederlagen, und die deshalb vorgezogene Bundestagswahl ging – wenn auch nur äußerst knapp – verloren.

Auseinandersetzungen über den richtigen Kurs der Politik will ich gewinnen. Das ist selbstverständlich. Aber meine Methode ist der Dialog, die offene Debatte. Man muss aufrichtig streiten und sich aufeinander verlassen können. Von meiner Partei hatte ich als Vorsitzender erwartet, dass einmal getroffene Verabredungen am Ende von allen Verantwortlichen mitgetragen werden. Nur in einem Zusammenhalt kann es gelingen, die Menschen von einem bestimmten Vorgehen zu überzeugen. So sind meine bisherigen Erfolge erreicht worden, und so habe ich es in Berlin gehalten, so muss jede Parteiführung verfahren, wenn sie Erfolg haben will.

7 WENN POLITIK ZUM BERUF WIRD

Die CDU, die sich selbst zerlegt

Meiner neuen Aufgabe als Parlamentarischer Geschäftsführer der SPD-Fraktion im Landtag von Rheinland-Pfalz ging ich mit Begeisterung nach, auch wenn sie zeitlich ein Riesenpensum bedeutete: Damals machte ich meine ersten Erfahrungen mit Sechzig- und Siebzig-Stunden-Wochen. Ich konnte aber weiter an meinem Talent feilen, der SPD Mehrheiten zu organisieren. Gleichzeitig hatte ich die Landesgeschäftsführung übernommen und musste sehen, dass Geld in die leeren Parteikassen floss.

Wir hatten in Rheinland-Pfalz einen schweren Stand. Die CDU schien auf die Macht abonniert, hatte 1983 51,9 Prozent der Stimmen erhalten. Wir selbst brachten es auf 39,6 Prozent. Rudolf Scharping, mit dem Jahr 1985 auch Landesvorsitzender der Partei, arbeitete vor allem an der kommunalen Verankerung der SPD. Unser Ziel war, insbesondere in Arbeitnehmerkreise vorzustoßen, die angesichts konfessioneller Bindungen bei der CDU waren. Unsere weiteren Zielgruppen: Frauen, Handwerker, Selbstständige, Rentner. Viertausend Neueintritte in die Partei allein 1985 machten ebenso Mut wie eine Umfrage, die zu dem Ergebnis kam, dass das Potenzial der SPD weit über 50 Prozent reichte.

Für die anstehenden Landtagswahlen 1987 nahm Scharping in seinem Team Persönlichkeiten auf, die nicht als Parteipolitiker bezeichnet werden konnten. Als die Truppe aus dreizehn Männern und Frauen auf einem Rheinschiff vorgestellt wurde – ich war als möglicher Chef der Staatskanzlei dabei –, erzielten vor allem drei Benennungen große Aufmerksamkeit: Manfred Kremer, Vorstandsvorsitzender der Kreissparkasse Birkenfeld, sollte unter einem Ministerpräsidenten Scharping das Wirtschaftsressort übernehmen. Jacob Monshausen, Vorstandsvorsitzender der größten genossenschaftlichen Weinkellerei an der Mosel, stand für das Ministerium für Landwirtschaft und Weinbau zur Verfügung. Und Jürgen Zöllner, Vizepräsident der Universität Mainz, sollte für den Bereich Wissenschaft und Technik antreten. Alle drei Männer hätte man nicht selbstverständlich der SPD zugeordnet, und dass sich Bürger außerhalb des unmittelbaren Parteienspektrums in der Politik engagierten, überraschte viele.

Mit Jürgen Zöllner, der heute in der von Klaus Wowereit geführten Berliner Landesregierung als Senator für Bildung, Wissenschaft und Forschung tätig ist, verbindet mich eine enge Freundschaft. Er gehört zu denen, mit denen ich wirklich offen reden kann. Seinen Rat schätze ich sehr. Mit ihm Radtouren durch die Pfalz zu unternehmen, ist mir eine große Freude. Leider hatten wir dazu in den vergangenen Jahren wenig Zeit.

Sosehr wir uns auch einsetzten: Bei der Landtagswahl 1987 schafften wir den Durchbruch nicht. Es folgten Jahre steter Aufbauarbeit mit dem Spitzenmann Scharping, der zunehmend an Vertrauen gewann – und einer CDU, die sich Stück für Stück selbst zerlegte. Helmut Kohl, der seinem Heimatverband mit seinem Amtsbonus über Jahre hinweg Pluspunkte beschert hatte, musste ohnmächtig zusehen, wie nach dem Sturz von Ministerpräsident Bernhard Vogel durch seine eigene Partei schließlich am 21. April 1991 die vierundvierzigjährige CDU-Ära in Mainz endete: 44,8 Prozent für die SPD und nur 38,7 Prozent für die Christdemokraten. 58 Prozent der Arbeitnehmer hatten die SPD gewählt. Selbst bei den Katholiken waren wir stärkste Partei geworden. 49 Prozent der Fünfundzwanzig- bis Fünfundvierzigjährigen machten ihr Kreuz bei der SPD.

»Kann der das?«

Nun mussten wir eine Regierung bilden. Doch mit wem? War der Weg jetzt frei für eine rot-grüne Regierung? Viele in der Partei dachten, der Wechsel müsse jetzt durch eine Koalition mit den Grünen vollendet werden. Sie wollten kein Zusammengehen mit der FDP, die im Bund an vielen Entscheidungen beteiligt war, die wir nicht begrüßten. Ich war dagegen skeptisch, ob ein Bündnis mit den Grünen dem Land und auch der Partei auf Dauer gut bekommen würde. Es hätte sich als schwierig herausstellen können, die damals in Teilen noch sehr extremen Positionen der Grünen im Zaum zu halten. Mir erschien die pragmatischere FDP verlässlicher.

Die Koalitionsverhandlungen, in denen wir unter anderem ein Bildungsurlaubsgesetz und auch mehr Mitbestimmung im öffentlichen Dienst durchsetzten, gaben mir recht. Der Grundstein für fünfzehn erfolgreiche Regierungsjahre mit den Freien Demokraten war gelegt.

Ich hatte 1991 für mich die Entscheidung getroffen, nicht in die Landesregierung zu wechseln, und Rudolf Scharping stimmte zu, dass mein Platz am besten an der Spitze der Fraktion sei. Die Arbeit entsprach meinem Naturell. Wieder ging es darum, für politische Projekte zu werben und in der Fraktion, in der Partei und im Landtag insgesamt die Mehrheiten zu sichern. Ich machte das gern und hatte die Perspektive, im Verbund mit Scharping aus Rheinland-Pfalz ein modernes und sozial gerechtes Land zu machen. Auf diese Weise ließ sich die Basis der Sozialdemokratie festigen und weiter ausbauen.

Kurz nach der gewonnenen Wahl bestätigte die Partei Scharping im Amt des Landesvorsitzenden, ich wurde zum Schatzmeister gewählt. Eine Belebung der Partei konnte nur funktionieren, wenn auch finanziell die Grundlage stimmte. Das Amt des Landesschatzmeisters gab es zuvor nicht, was etliche Beobachter als Ausdruck des Vertrauens zwischen mir und Scharping werteten. Schließlich ist es für einen Parteivorsitzenden auf Bundes- wie auch Landesebene stets wichtig, sich hundertprozentig auf denjenigen verlassen zu können, der die Finanzen regelt. Zwischen uns war tatsächlich eine enge Beziehung entstanden, die ich sogar als Freundschaft bezeichnen würde. Das hält bis zum heutigen Tag, auch wenn wir uns jetzt nicht mehr so häufig sehen.

Ich halte Rudolf Scharping für einen blitzgescheiten Mann, der Situationen schnell aufzunehmen und zu verarbeiten weiß. Ich betone das, weil das verzerrte Bild, das zu späterer Zeit von ihm gezeichnet wurde, mit der Realität nicht viel gemein hat. In seinen Anfangsjahren als Oppositionsführer und junger Ministerpräsident wurde er teilweise mit Lob überhäuft und als kommender Mann der Sozialdemokratie gehandelt. Das wurde auch seinen Qualitäten viel mehr gerecht als das spätere und leider nachhaltigere Urteil über ihn. Die CDU in Mainz nannte ihn »Genosse Scharfsinn«, ein unabsichtliches Lob, dem sich damals Freund und Feind anschlossen.

Schon als Ministerpräsident griff Scharping immer wieder bundespolitische Themen auf. Er äußerte sich zur lauter werdenden Kritik am Parteivorsitzenden Björn Engholm, empfahl ihm die Bildung eines echten Teams. Prompt folgten besorgte Anfragen aus den Reihen der Landespartei, ob er, Scharping, einen Wechsel nach Bonn im Blick habe. Das hatte er aber nicht. Er versicherte, auch über 1996 hinaus in Rheinland-Pfalz arbeiten zu wollen.

Die Situation änderte sich jedoch schlagartig, als Engholm als SPD-Parteichef zurücktrat. Die Barschel-Affäre von 1987 hatte ihn eingeholt, und so beschloss er Ende April 1993 sowohl sein Amt als schleswig-holsteinischer Ministerpräsident als auch das des SPD-Vorsitzenden niederzulegen. Aus dem Umfeld von Gerhard Schröder wurde sofort gemeldet, er stehe als Parteivorsitzender zur Verfügung. Rudolf Scharping aber hielt sich zurück. Dass er sich den Parteivorsitz wie die Kanzlerkandidatur zutraute, war mir klar. Dass er sich am Ende mit seiner uneitlen Art auch in der Mitgliederbefragung gegen seine Kontrahenten Schröder und Heidemarie Wieczorek-Zeul durchsetzen würde, hielt ich für absehbar. Als es auf dieses Verfahren hinauslief, warf er seinen Hut in den Ring. Danach ging alles sehr schnell.

Am 25. Juni 1993 wurde Rudolf Scharping zum Vorsitzenden der SPD gewählt. Eine Woche später nominierten die Spitzengremien der Landespartei mich zu seinem Nachfolger im Amt des Parteivorsitzenden. Diese Funktion übernahm ich sofort geschäftsführend. Für Scharping war auch immer ohne Frage, dass ich ihn im Amt des Ministerpräsidenten beerben sollte. Ich traute mir die Aufgabe zu, war aber längst nicht der Einzige, der sich selbst in der Rolle des Regierungschefs vorstellen konnte. Florian Gerster etwa, der unter Scharping Minister für Bundesrats- und Europaangelegenheiten war, sah sich selbst als Nachfolger, ebenso Landtagspräsident Christoph Grimm.

»Kann der das?«, fragten viele mit Blick auf meine Person. Gerster hatte schließlich unter anderem Betriebswirtschaftslehre studiert, Grimm war Jurist. Ich persönlich hatte allerdings keine Zweifel, dass ich die Aufgabe schultern könnte. Ende 1994, kurz vor der Bundestagswahl, in der Scharping als SPD-Kanzlerkandidat Amtsinhaber Helmut Kohl herausforderte, hatte ich mich durchgesetzt und wurde Ministerpräsident von Rheinland-Pfalz.

»So wahr mir Gott helfe«

Ich erinnere mich gut an diesen 26. Oktober 1993 im Landtag in Mainz. Es freute mich besonders, dass meine ganze Familie während der Vereidigung auf der Zuschauertribüne saß. In der Rückschau ist es besonders schön, dass auch meine inzwischen verstorbene Mutter diesen Tag miterleben konnte. Meine Eltern hat es mit Stolz erfüllt, ihren Sohn in der Position des Landesvaters zu sehen, obwohl sie nach außen hin nie viel Aufheben darum gemacht haben.

Ich selbst stand an diesem Tag unter dem Eindruck der Verantwortung, die ich nun zu übernehmen hatte. Während ich darauf wartete, dass die Stimmen ausgezählt und das Abstimmungsergebnis bekannt gegeben wurden, ging mir durch den Kopf, was da auf mich zukommen würde. Ein Land zu führen, für die Menschen die richtigen Entscheidungen zu treffen, verlangt nicht nur enormen körperlichen und geistigen Einsatz, sondern auch Geschick und eine glückliche Hand. Mir war klar, dass ich dieses Amt nur gut würde ausführen können, »so wahr mir Gott helfe«. Und so leistete ich meinen Amtseid ganz selbstverständlich mit diesem religiösen Bezug.

8 LANDESVATER MIT EIGENEM REGIERUNGSSTIL

Pfeifkonzert von Frauen in lila Latzhosen und Bauern

Zu Beginn meiner Amtszeit baute ich das Kabinett um. Die Regierungsmannschaft, die seit dem Antritt von Rudolf Scharping die Aufgaben zu lösen versuchte, machte einen guten Job. Doch lief es insgesamt nicht ganz rund. Ich schaffte Ministerien ab – zugegeben, ein nicht ganz unproblematisches Vorhaben. Schließlich verscherzt man sich bei derartigen Aktionen leicht Sympathien. Doch ich hielt die Maßnahme für zwingend, um wirkungsvoller regieren zu können, als es zuvor möglich war.

Eines der betroffenen Ressorts war das Frauenministerium, das Jeanette Rott leitete, eine engagierte Gewerkschafterin und Sozialdemokratin. Ich war mir sicher, dass das von Scharping als Symbol für die Wertschätzung der Frauenpolitik geschaffene Amt nicht erforderlich war, sondern dass wir mehr erreichen würden, wenn wir in jedem Ministerium in vielen Einzelfragen die Gleichstellung der Frauen vorantreiben. Die Verantwortung für die große Linie der Gleichstellungspolitik übertrug ich Rose Götte in ihrem neu zugeschnittenen Ressort, in dem sie für Kultur, Jugend, Familie und eben Frauen zuständig war. Sie zeigte sich anfangs von meiner Entscheidung nicht begeistert, viel lieber wäre sie Bildungsministerin geblieben. Diese Aufgabe sah ich allerdings bei Jürgen Zöllner besser aufgehoben.

Ich war auch zu dem Schluss gekommen, dass wir kein spezielles Ministerium für Landwirtschaft und Weinbau benötigten, auch wenn es dies seit Ewigkeiten gab. Sicher, beide Bereiche prägen ganz wesentlich den Charakter des Landes, das Bild, das man im In- und Ausland von Rheinland-Pfalz hat. Doch sie sind Teil der Wirtschaft und gehören in dieses Ressort. Seltsamerweise war Wirtschaftsminister Rainer Brüderle von der FDP zunächst gar nicht angetan von dieser Idee. In den folgenden Jahren hat er diesen Teil seines Amtes jedoch sehr zu schätzen gelernt und den mit den engen Kontakten zu Landwirten und Winzern einhergehenden Imagegewinn durchaus genossen.

Die Arbeit des Bundesrats- und Europaministers übernahm im Rang eines Bevollmächtigten Karl-Heinz Klär, der bei Scharping Chef der Staatskanzlei war und noch heute im Bund und in Europa hervorragende Arbeit für Rheinland-Pfalz leistet. Sozialminister Ulrich Galle habe ich entlassen, was mir nicht leichtfiel. Schließlich kannten wir uns aus jahrelanger gemeinsamer Arbeit in der ÖTV. Doch wurde sehr schnell klar, dass diese Aufgabe bei Florian Gerster bestens aufgehoben war. Ulrich Galle leistet als Bürgerbeauftragter wertvolle Arbeit – und ist bis heute hier ausgesprochen wirkungsvoll.

Meine Veränderungspläne bereitete ich schon vor meiner Wahl zum Ministerpräsidenten in zahllosen Gesprächen vor. Ich hatte aber nicht nur das Kabinett gedanklich umgebaut, sondern auch früh Walter Schumacher, Journalist beim Südwestfunk, für das Amt des Regierungssprechers gewonnen. Lange blieb mein gesamtes Vorhaben geheim. Kurz vor der Vereidigung waren die Informationen über die Umstrukturierungen jedoch durchgesickert und provozierten Protest. So begleitete mich ein Pfeifkonzert wütender Frauen in lila Latzhosen und empörter Bauern auf dem Weg in den Landtag. In der Rückschau weiß ich, dass mir mein Vorgehen damals Respekt verschafft hat und dass es auch stilbildend war. In vielen Landesregierungen machte man sich in den folgenden Jahren daran, die Kabinette zu verkleinern und Ressorts zusammenzulegen.

Mittlerweile arbeite ich in meiner vierten Legislaturperiode als Regierungschef. Wenn ich auf die Wahlergebnisse blicke, kann ich sagen, dass der Einsatz nicht ohne Erfolg war. 1996 erreichte die SPD unter meiner Führung 39,8 Prozent der Stimmen, 2001 schon 44,7 Prozent. Im Jahr 2006 schließlich erzielten die Sozialdemokraten mit 45,6 Prozent der gültigen Stimmen die absolute Mehrheit der Mandate. Bei meiner Wiederwahl im Landtag erhielt ich vierundfünfzig Stimmen – eine mehr, als die SPD-Fraktion an Mitgliedern zählt.

Diese Entwicklung zeigt mir, dass man mit klaren sozialdemokratischen Positionen überzeugen kann. Die Menschen wissen zu schätzen, dass wir die Gebühren für die Kindertagesstätten schrittweise abschaffen. Sie erkennen an, wenn Kinder aus bedürftigen Familien ohne bürokratischen Aufwand in der Schule ein Mittagessen bekommen, auch wenn die Eltern den Beitrag dafür nicht zahlen können. Die Schulleiter haben genug Einblick, um das entscheiden zu können. Die Eltern in Rheinland-Pfalz honorieren, dass wir Ganztagsschulen eingeführt haben, um die ich etwa unsere französischen Nachbarn immer beneidete und die ich schließlich mit der Unterstützung von Jürgen Zöllner umsetzen konnte.

Die Menschen würdigen, dass wir die Arbeitslosenquote auf rund sieben Prozent drücken konnten und somit den drittniedrigsten Wert in Deutschland erreichten. Sie sehen, dass wir das Handwerk von vielen bürokratischen und finanziellen Lasten befreit haben, sodass ein wahrer Gründungsboom einsetzte. Dass wir die Zahl der Verordnungen reduzierten – von zirka 1200 auf rund 400 –, spielt dabei eine Rolle. Besonders am Herzen liegt mir die Verbesserung der Bürgerbeteiligung, um den Fachleuten vor Ort, nämlich jedem Einzelnen, der in Rheinland-Pfalz lebt, ein größeres Mitspracherecht zu ermöglichen. Was aktuell wieder im Zusammenhang mit der Verwaltungs- und Kommunalreform zum Tragen kommt.

»Die bauen Mauern ab, und du versuchst sie aufzurichten«

Als größte Herausforderung meiner bisherigen Regierungszeit betrachte ich die Bewältigung des Strukturwandels, den das Ende der deutschen Teilung uns auferlegt hat. Ich kann mich noch sehr gut an den 9. November 1989 erinnern. Ich nahm an diesem Abend – damals noch als Parlamentarischer Geschäftsführer der Landtagsfraktion – an einer Podiumsdiskussion in Landau teil. Es ging um Kommunalpolitik, die mir bis heute sehr wichtig ist. Doch niemand war so richtig konzentriert. Man wartete geradezu auf Nachrichten aus Berlin, denn alle hatten die Unruhen und die Montagsdemonstrationen in Leipzig aufmerksam verfolgt und die Meldungen über eine denkbare Grenzöffnung gehört. Als die Nachricht von der neuen Reiseregelung bekannt wurde, die Günter Schabowski verkündet hatte, teilten wir das dem Publikum mit, und damit war die Veranstaltung sehr schnell beendet. Alle strebten zum nächsten Fernsehgerät und wollten nichts verpassen. Auch ich bin sofort nach Hause gefahren und habe die ganze Nacht vor dem Fernseher verbracht.

Ich war sehr aufgewühlt. Da ging einem alles Mögliche durch den Kopf. Was wird nun aus Deutschland? Was kommt da auf uns zu? Mir war klar, dass in diesem Moment die deutsche Einheit geschehen war. Aber würden sich die Menschen in der noch bestehenden DDR dem Neuen stellen oder nun erst recht in den Westen abwandern? Was werden die Alliierten, speziell die Sowjets tun? Ich gehörte zu der Generation, die nicht mehr erwartet hatte, die Einheit Deutschlands noch erleben zu können.

Ein einziges Mal war ich in der Deutschen Demokratischen Republik gewesen – und hatte das System sofort instinktiv abgelehnt, die Verlogenheit und die tönernen Füße, auf denen das Ganze stand, sehr schnell erspürt. Von daher dachte ich immer, dass es eines Tages zur Vereinigung der beiden Staaten kommen müsste, aber auch, dass der Weg dahin noch sehr lang sein würde.

Für die Skeptiker der Wiedervereinigung, allen voran Oskar Lafontaine, hatte ich nie Verständnis. Mir war angesichts dieser Euphorie in der Nacht vom 9. November klar, dass man den Menschen in der DDR eine Perspektive geben musste. Dass man sich ablehnend verhalten könnte, war mir unvorstellbar. Deswegen von »nationaler Besoffenheit« zu reden, wie es Lafontaine später tat, war ein grandioser Fehler. Zudem war es für die SPD katastrophal, dass der Mann, der auch noch 1990 bei der Bundestagswahl für uns antrat, öffentlich darüber nachdachte, den Zuzug von DDR-Bürgern in die Bundesrepublik zu begrenzen. Richtigerweise hat sich damals unser Parteivorsitzender Hans-Jochen Vogel gegenüber Lafontaine empört: »Die bauen Mauern ab, und du versuchst sie aufzurichten.«

Der Fairness halber muss man einräumen, dass Lafontaine in der Beurteilung der ökonomischen Folgen partiell recht hatte. Natürlich beschleunigte die Einführung der D-Mark mit dem Eins-zu-eins-Kurs den Kollaps der DDR-

Wirtschaft. Da hätte vielleicht manches besser laufen können. Andererseits: Es gab keinen Prototyp für diese politische Herausforderung. Unabhängig davon ist richtig: Durch die Betonung der Probleme und Risiken haben wir viele Menschen in der DDR vor den Kopf gestoßen und der SPD entfremdet.

Das ist mir in den Jahren nach der Wende immer deutlicher bewusst geworden. Im Verlauf der späten achtziger Jahre wurden kommunale Partnerschaften über die innerdeutsche Grenze hinweg möglich. Unser Landkreis unterhielt eine mit der Gemeinde Albrechts bei Suhl. Ich war Anfang der neunziger Jahre häufig dort. Wir haben intensiv geholfen, die kommunale Selbstverwaltung aufzubauen und den ersten Haushalt aufzustellen, haben engen Kontakt gehabt zu den Menschen, die in eine völlig neue Welt geworfen wurden. Es war nur allzu verständlich, dass es viel Angst und Unsicherheit gab, dass man teilweise auch unrealistische Vorstellungen von dem hatte, was Staat und Verwaltung in der Marktwirtschaft zu leisten imstande sind. Ich erinnere mich gut, wie verwundert bis verständnislos die Leute darüber waren, dass für die Infrastruktur Gebühren und Beiträge gezahlt werden müssen. Man wollte nicht glauben, dass das im Westen ebenso lief, wenn Straßen an die Kanalisation angeschlossen werden. Diese neue Welt zu begreifen und zu akzeptieren, war für viele schwierig genug.

Auf dem Parteitag von Berlin, kurz nach der Maueröffnung, stand ein neues Grundsatzprogramm zur Debatte, bei dem es in erster Linie um die ökologischen Herausforderungen der Zeit ging. Zweifellos ein wichtiges Thema. Die SPD hatte lange über dieses neue Programm debattiert, dabei auch die Globalisierungsfolgen bearbeitet. Es sollte auf jeden Fall zum Abschluss gelangen.

In diesem Zusammenhang kam es aber auch zu einer denkwürdigen Kontroverse zwischen Willy Brandt und Oskar Lafontaine über die sich abzeichnende Einheit Deutschlands. Erst nach der Vereinigung mit der ostdeutschen SPD, ein Jahr später, erhielt das sogenannte Berliner Programm eine neue Präambel, die die Einheit Deutschlands würdigte. Es hat bis zum Hamburger Parteitag 2007 gedauert, bis ein neues Grundsatzprogramm beschlossen werden konnte, das ganz auf den neuen Realitäten beruht.

Aus dem Offizierskasino ein Kindergarten

Als Ergebnis der Einheit zogen sich die Alliierten weitgehend aus Deutschland zurück. Sie hatten ihre Aufgabe erfüllt; der Kalte Krieg war zu Ende.

Die Präsenz der amerikanischen Streitkräfte war in Rheinland-Pfalz besonders groß. Folglich standen wir vor der Aufgabe, ein umfangreiches Konversionskonzept zu entwickeln. Immerhin ging es um mehr als 600 Liegenschaften, die von einer militärischen Nutzung in eine zivile überführt werden mussten. Darunter waren fünf Großflughäfen, sogar ganze Städte betraf diese Transformation. Viele Regionen litten stark, nachdem die Amerikaner abgezogen waren. Es galt, dort das wirtschaftliche Leben auf andere Weise zu stimulieren und neue Nutzungen zu finden. Am Ende wurde aus dem Militärhospital ein Studentenwohnheim, aus dem Offizierskasino ein Kindergarten, aus der Kaserne eine Fachhochschule und aus dem Flugplatz ein Multimediapark. Ebenso musste dafür gesorgt werden, dass man einige bestehende militärische Standorte erhielt, um den Abzug der Truppen zahlenmäßig so gering wie möglich zu halten. Die Vertreter der Landesregierung, auch ich selbst, führten etliche Gespräche in Mainz wie in Washington – unter anderem mit dem damaligen Vorsitzenden des Streitkräfteausschusses des Senats, John Warner. Letztlich erreichten wir die Fortführung von Standorten wie beispielsweise in Baumholder.

Ein solch enormer Strukturwandel kann nur gelingen, wenn man das Ziel verfolgt, Menschen- und Geldströme umzuleiten. Für unsere Politik bedeutete dies, in Hoch- und Fachhochschulen sowie Forschungseinrichtungen zu investieren. Man musste durch Ansiedlung von Betrieben Kristallisationspunkte schaffen, sonst wäre ein Projekt dieser Größenordnung nicht gelungen. Die Menschen wären abgewandert, weil ihnen die Arbeit und damit die Perspektive fehlten. Ich bin sicher, auch im Osten Deutschlands könnten wir heute die Förderung anders gestalten. Es gilt, bewusst Zeichen zu setzen, an zentralen Punkten zu investieren und damit neue Entwicklungschancen zu eröffnen.

Vom Rhein an die Spree

Eine weitere große Herausforderung in diesem Zusammenhang ergab sich aus dem Beschluss des Deutschen Bundestags, den Regierungssitz von Bonn nach Berlin zu verlegen. Damit drohte vielen Rheinland-Pfälzern der Verlust des Arbeitsplatzes, denn die Hälfte des Bonner Einzugsgebiets lag in unserem Land. Trotzdem konnte ich das Berlin-Engagement beispielsweise von Willy Brandt immer nachvollziehen. Er hatte als Regierender Bürgermeister in der geteilten Stadt schwierige Zeiten durchgestanden, war mit ihr, die auch ein Symbol für die tiefe Wunde Deutschlands war, eng verbunden. Ähnlich wie ich hatte Brandt gewiss nicht damit gerechnet, dass er die Öffnung der Mauer noch erleben würde, für die er mit die Grundlagen gelegt hatte: Für mich ist es keine Frage, dass seine Politik einen großen Anteil an den Veränderungen im Ostblock hatte und somit dazu beitrug, dass die von dort ausgehende Freiheits- und Demokratiebewegung über Jahrzehnte hinweg ihren Weg nehmen konnte. Und sei es nur dadurch, dass sie – anstatt die Ostblockstaaten zu stabilisieren – darauf setzte, dass in dem Moment, wo sich die Tür einen Spalt breit öffnete und der Gedanke von Freiheit einströmen konnte, totalitäre Regime nicht mehr in der Lage sein würden, die Tür zu schließen.

Nun war Berlin also nicht mehr geteilt und sollte Hauptstadt werden. Für Bonn zu argumentieren, konnte regionalpolitisch zwar als richtig und nachvollziehbar eingestuft werden. Ich bin mir aber sicher, dass die Entscheidung, so wie sie letztlich getroffen wurde, vernünftig war. Im Übrigen ist mit dem Bonn-Berlin-Gesetz eine faire Ausgleichsregelung getroffen worden. Auf diese Weise wurden für die meisten von denen, die im Regierungsapparat tätig waren, aber nicht vom Rhein an die Spree umziehen wollten oder konnten, neue Perspektiven eröffnet. Uns war es möglich, etliche Bildungseinrichtungen im Land zu schaffen. Bis 1991 hatten wir kein einziges Fraunhofer-Institut, heute sind es drei. Mit Landesmitteln konnten wir zudem ein Max-Planck-Institut für Mathematik ansiedeln.

Im Zuge der Ausgleichsregelungen für den verlorenen Regierungssitz in Bonn war es uns möglich, in Remagen eine neue Fachhochschule zu errichten, auf der man von Architektur über Wirtschafts- und Sozialwissenschaften bis hin zur Kunst alles studieren kann. Wir haben eine gezielte Industrieansiedlung betrieben, etwa im Innovationspark Rheinland bei Ahrweiler. Und wir kümmern uns um die Kunst. Nach wie vor ist es mein Ziel, entlang des Rheins eine durchgehende Museumslandschaft zu schaffen. Gemeinsam mit Nordrhein-Westfalen besitzen wir die besten Voraussetzungen: Von Düsseldorf über Köln und Bonn bis zum Arp-Museum im Bahnhof Rolandseck, dem Ludwig-Museum für moderne Kunst in Koblenz, den Museen in Mainz und Speyer und den Domen, Burgen und Schlössern in unserem Land zieht sich eine einzigartige Kulturstrecke, die weltweit Aufmerksamkeit erregen kann, bis nach Straßburg.

Die Veränderungen jedenfalls, die auf Rheinland-Pfalz nach dem Fall des Eisernen Vorhangs zukamen, waren weit größer als etwa der Strukturwandel im Kohlebergbau. Wir haben daran immer noch zu arbeiten, können jedoch heute sagen, dass es uns bestens gelungen ist, einen Absturz in wirtschaftliche oder soziale Untiefen zu verhindern. Das liegt auch daran, dass wir in Rheinland-Pfalz das Zusammenwirken aller gesellschaftlichen Kräfte erreicht haben und so eine vorwärtstreibende Grundstimmung erzeugen konnten. Dass heute eine positive Bilanz dieser Anstrengungen gezogen werden kann, erfreut meine Politikerseele.

Ein einiges Europa

Ebenso bin ich froh darüber, durch die Lage meines Landes einen Beitrag zu einem gemeinsamen Europa leisten zu können. Rheinland-Pfalz teilt Grenzen mit drei europäischen Partnern: Frankreich, Luxemburg und Belgien, wobei die jeweilige Zusammenarbeit unterschiedlich ausfällt. Abhängig ist dies von der individuellen Prägung des Landes. Wir pflegen eine äußerst intensive Kooperation mit Luxemburg. In diesem Fall ist eine ganz unkomplizierte Form der Begegnung entstanden. Natürlich liegt dies auch in der Person von Jean-Claude Juncker begründet. Der Premierminister und ich kennen uns seit vielen Jahren, und ich würde bei ihm von einem echten politischen Freund sprechen. Wir treffen uns regelmäßig, um über unsere grenzüberschreitende Arbeit zu sprechen und uns über allgemeine Fragen auszutauschen. Juncker ist ein wirklicher Europäer, ausgesprochen engagiert und interessiert an einem stetig wachsenden Gemeinschaftsprozess, ein sehr angenehmer und konstruktiver Gesprächs- und Verhandlungspartner.

Die Verbindungen von Rheinland-Pfalz nach Frankreich sind schon historisch bedingt eng. Die französische Revolution von 1789 machte am Rhein nicht Halt. Am 17. März 1793 konstituierte sich in Mainz unter den Farben der Trikolore das erste deutsche Parlament modernen Zuschnitts, nämlich der Rheinisch-Deutsche Nationalkonvent. Die »Mainzer Republik« blieb allerdings eine Episode, weil ihr drei Monate später von den vereinten Truppen der Preußen und der Österreicher der Garaus gemacht wurde. Im Rahmen des napoleonischen Herrschaftssystems gehörte Mainz zwischen 1789 und 1814 zu Frankreich, war sogar die Hauptstadt eines Departements. Die Johannes-Gutenberg-Universität ist eine Gründung der einstigen Besatzungsmacht Frankreich. Das Gleiche gilt für die Deutsche Hochschule für Verwaltungswissenschaften in Speyer, die 1947 von den französischen Militärbehörden nach dem Vorbild der École Nationale d'Administration geschaffen wurde, jener Eliteschule für französische Verwaltungsbeamte.

Rheinland-Pfalz pflegt also besondere Beziehungen zu

seinen Nachbarn. Beste Beispiele: die grenzüberschreitende Partnerarbeit in der Großregion Saarland – Lothringen – Luxemburg – Rheinland-Pfalz – Wallonie, die Französische und Deutschsprachige Gemeinschaft sowie die Deutsch-französisch-schweizerische Oberrheinkonferenz. Für die Menschen in den Grenzregionen sind diese Kooperationen mit konkreten Alltagsverbesserungen verbunden. Das fängt bei ganz praktischen Dingen an, etwa dem Zusammenwirken der Feuerwehren aus den jeweiligen Regionen, und reicht bis zu dem für die Völkerverständigung entscheidenden Thema Bildung. Kleinere Kinder besuchen etwa einen deutsch-französischen Kindergarten im lothringischen Liederschiedt – als Ergebnis einer guten Gemeinschaft zwischen der rheinland-pfälzischen Landesregierung und der Akademie Metz-Nancy ist er vor zwölf Jahren eingerichtet worden und hat bis heute eine Vorbildfunktion. Dieses Zusammenspiel setzt sich bis zu den Universitäten fort.

Als einen Motor für die europäische Zusammenarbeit auf Hochschulebene lässt sich die Verbindung zwischen der Université de Bourgogne in Dijon und der Johannes-Gutenberg-Universität in Mainz bezeichnen. Die Hochschulen haben ein binationales Studienprogramm im geisteswissenschaftlichen Bereich entwickelt. Es erlaubt den Doppelabschluss Staatsexamen und Maîtrise oder Magister und Maîtrise. Diese Form der deutsch-französischen Kooperation steht Pate für weitere Projekte dieser Art, die Mainz und Dijon mit Bologna in Italien und mit Lennoxville und Sherbrooke in Kanada verbinden wollen. Von 2009 an soll das Ganze zu einem trinationalen Studiengang »Politikwissenschaft« an der Universität Oppeln in Polen erweitert werden.

»Segnend durch die Weinberge«

Weil der Ministerpräsident bei allen diesen Projekten eine Rolle spielt, habe ich manches Lob geerntet. Nur den Spitznamen »König Kurt« mag ich überhaupt nicht. Denn ich führe mich nicht wie ein absoluter Herrscher auf. Nichts liegt mir ferner als das. Es ist überhaupt nicht mein Stil, in königlichem Gepränge durch das Land zu ziehen. Vielmehr will ich mich direkt um das kümmern, was die Menschen bedrückt. Die CDU-Opposition frotzelt gern, es gebe in Rheinland-Pfalz keinen Menschen, dem ich nicht schon die Hand geschüttelt hätte. Mit dieser Spitze kann ich gut leben. Ich halte es allemal für besser, »segnend durch die Weinberge zu ziehen«, wie es Johannes Gerster einmal formulierte, der 1996 als CDU-Kandidat gegen mich antrat, als mich hinter Akten in der Staatskanzlei zu verbarrikadieren und von den Problemen des Landes überwiegend von den Beamten zu erfahren.

Wir hätten viele hervorragende Mitarbeiter in der Landesregierung, aber sie seien in Teilen frustriert, war in Beiträgen zu meinem zehnjährigen Amtsjubiläum 2004 zu lesen. Bei denen, die mit Vorliebe umfassende Grundsatzpapiere schreiben, muss ich mich entschuldigen, ich lese diese wirklich nicht gern. Ich bevorzuge konkrete Lösungsvorschläge. Doch ich habe den Eindruck, dass die Mitarbeiter in der Landesregierung mit dem Ergebnis dieser Zusammenarbeit zufrieden sein können.

Rheinland-Pfalz steht im Ländervergleich gut da. Allerdings ist der Schuldenabbau nach wie vor eine große Herausforderung. Natürlich wäre es mir lieber, ich könnte einen Rücklauf vermelden. Probleme mit den Schulden hat aber nicht nur dieses Bundesland. Nachdrücklich widerspreche ich den von der Opposition immer wieder verbreiteten Behauptungen, die SPD-geführte Landesregierung habe die Schuldenlast erhöht. Es gibt klare Gründe für die gegenwärtige Haushaltslage: Die Kosten für die Überführung der militärischen Anlagen in eine zivile Nutzung betrugen Milliarden. Allein die Aufbereitung des Bodens auf dem Militärgelände in Hallschlag in der Eifel, wo von 1915 bis 1920 Giftgas und Munition hergestellt wurde, verschlang bislang rund 54 Millionen Euro, je zur Hälfte aus Bundes- und Landesmitteln. Da hatten wir überhaupt keine andere Wahl, als die Sanierungsmaßnahmen anzuordnen. Von dem Gelände gingen erhebliche Umweltgefährdungen aus. In einem solchen Fall konnte man nicht argumentieren, der Haushalt gibt einen solchen Posten nicht her, wir lassen den ganzen Giftmüll im Boden. Mit derartigen Sachzwängen hat die Opposition natürlich nichts zu tun. Die kann trefflich weiter kritisieren. Das ist ja auch ihre Aufgabe.

20000 Arbeitsplätze hat das Land zwischen 1990 und 2008 allein bei der BASF verloren, einem der großen Konzerne im Land. Jahrelang zahlte das Chemieunternehmen keine Steuern. Das alles schlägt in einem Landeshaushalt massiv negativ zu Buche. Pfaff, der Traditionsbetrieb für Näh- und andere industrielle Maschinen, beschäftigte früher 8000 Leute, heute sind es gerade 450. Es ist überaus positiv zu bewerten, wenn sich aus einer Firma heraus Mitarbeiter zusammenschließen, um mit ihrem Knowhow ein Unternehmen in der Technologiebranche aufzubauen, wie es bei Pfaff geschehen ist. Die Masse an Arbeitsplätzen kommt durch solche Initiativen jedoch nicht so schnell zurück.

Investitionen in neue Arbeitsplätze wie auch in Bildung sind Investitionen in die Zukunft. Die brauchen wir in unserem Land. Haushaltskonsolidierung ist aus vielen Gründen geboten, nicht nur aus wirtschaftspolitischen, sondern auch zur Erhaltung der Handlungsfähigkeit des Landes und der Generationengerechtigkeit. Aber es gibt Aufgaben, die für die Zukunfts- und Wohlstandssicherung mindestens genauso wichtig sind. Einige habe ich eben genannt.

Hinzu kommt: In den ersten zehn Jahren nach der Wiedervereinigung bewältigten wir in Deutschland die größte Veränderung nach dem Krieg. Wir transferierten rund 90 Milliarden Euro in den Osten. Das war absolut notwendig, hat aber doch die westlichen Haushalte enorm belastet. Ohne diese Solidarleistung hätten wir in Rheinland-Pfalz seit 1997 einen ausgeglichenen Landeshaushalt. Ich halte den Solidarpakt für Ostdeutschland für unverzichtbar. Er wird von uns sicher nicht vor 2019 angetastet. Er ist gelebte Solidarität. Deshalb meine ich, die CDU-Opposition in Rheinland-Pfalz muss sich dazu bekennen und diese Leistung bei ihrer Kritik an den verbliebenen Schulden berücksichtigen.

Vom Umgang miteinander

Mein Arbeitsstil war eigentlich immer darauf angelegt, durch Zusammenarbeit etwas zu erreichen. Überzeugung ist für mich die beste Form der Führung. Mir sind Situationen lieber, in denen ich meine Mitarbeiter für meine Ansicht gewinnen kann, als solche, in denen ich etwas anordnen muss. Wenn es notwendig ist, weiß ich natürlich auch das Amt und meine Richtlinienkompetenz zu nutzen. Im Grundsatz aber stimmt, was gute Freunde mir nachsagen: Ich bin harmoniesüchtig. Deshalb liegt mir auch sehr an einem guten Verhältnis zu allen, gegen die ich im Lauf meiner politischen Laufbahn kandidiert habe und die mir unterlegen sind. Ebenso zu denen, die in der politischen Auseinandersetzung eine andere Position vertraten als ich.

Zu Ursula Laschet oder Elisabeth Morawitz, die zu Beginn meiner Parlamentarierkarriere ebenfalls für das Landtagsmandat Interesse gezeigt hatten, suche ich, wenn es die Zeit erlaubt, weiterhin Kontakt. Mit Florian Gerster und Christoph Grimm, die beide gern Ministerpräsident geworden wären, habe ich die Angelegenheit in einem ausführlichen Gespräch geregelt, sodass wir anschließend weiter gut zusammenarbeiten konnten.

Mir liegt viel daran, die politischen Weggefährten wie auch die Gegner mit Respekt zu behandeln. Persönliche Diffamierungen sind mir ebenso zuwider wie polemische Debatten.

Schwergetan habe ich mich deshalb mit Johannes Gerster, den die CDU 1996 als Spitzenkandidat im Land aufgestellt hatte. Er hatte eine besonders forsche Art, sich in Diskussionen über Fakten hinwegzusetzen. Das ertrage ich nur bedingt. Mit seinem Nachfolger Christoph Böhr kam ich persönlich zurecht. Er ist ein kluger, hochkarätiger Mann. Seine Ausflüge in die Philosophie konnten von der Bevölkerung offensichtlich nicht nachvollzogen werden, aber er war als Oppositionsführer immer fair und redlich.

Teile der CDU haben sich in den Landtagswahlkämpfen von 2001 und 2006 allerdings nicht von ihrer besten Seite gezeigt. Man versuchte, mich persönlich zu diffamieren. So waren offenbar Leute darauf angesetzt, in meinem Privatleben zu schnüffeln. Mir sollten unbezahlte Rechnungen und sogar eine Tablettensucht nachgesagt werden. Man versuchte, meine Kontobewegungen auszuspähen, und es wurden Gerüchte über meine Ehe in die Welt gesetzt. Ich war damals ziemlich erschrocken über diese Vorgehensweise.

Wir sammelten Beweise für diese Verleumdungsversuche der anderen Seite, um uns dagegen wappnen zu können. So etwas hatte ich mir bis dahin nicht vorstellen können, da es mir selbst vollkommen fernliegt, mit derartigen Mitteln gegen einen politischen Gegner vorzugehen. Letztlich haben meine Vertrauten und ich den Fall nicht weiter verfolgt, weil die Bemühungen, mich in ein schiefes Licht zu bringen, im Sande verliefen. Bei der Bevölkerung verfingen sie nicht. Dennoch war dies eine unschöne Erfahrung von Auseinandersetzung in der Politik.

9 DEUTSCHLANDS ZUKUNFT IST EINE AKTIVE BÜRGERGESELLSCHAFT

Gut geerdet

In meinem Büro in Mainz, das seit Helmut Kohls Zeiten holzvertäfelt ist, hängt ein Bild von Max Slevogt. Es zeigt die Weinlese in der Pfalz: eine sanfte Hügellandschaft, gefärbtes Laub, Erntearbeiter bei der Pause. Es ist eine weiche, liebenswerte Landschaft. Hier bin ich zu Hause. Provinz, sagen die einen. Heimat, entgegne ich. In dieser Heimat laufe ich gern durch die Natur, durch die Städte und Dörfer. Hier bin ich aufgewachsen, hier habe ich meine Wurzeln. Es ist eine schöne Landschaft, die im Lauf der Jahreszeiten ihr Gesicht wandelt und dabei immer wieder faszinierend ist: Ich mag die sichtbare Knorrigkeit im Winter, wenn die Rebstöcke kahl sind. Ich freue mich an der Farbenpracht im Frühling, wenn die Weinberge ihr erstes Grün zeigen, die Schlehenbüsche und Obstbäume blühen. Ich genieße die Wärme im Sommer und liebe vor allem den Herbst mit seiner Fülle, den reifen Trauben, Äpfeln und Birnen, die geerntet werden, den fallenden Esskastanien. Die Natur ist so beeindruckend, dass man es fast kitschig nennen könnte. Und nicht zu vergessen die besondere Melancholie, die diese Landschaft im November ausstrahlt – ich finde sie faszinierend. All diese Wechsel möchte ich nicht missen, und ich könnte mir nicht vorstellen, irgendwo zu leben, wo es jahreszeitliche Veränderungen nicht gibt.

Die Pfalz ist beinahe schon ein begnadetes Land. Auch wegen der Menschen. Sie sind offen, manchmal ein bisschen laut, ein klein wenig derb, aber vor allem herzlich.

Letzteres ist ein sehr angenehmer Wesenszug der Pfälzer: Man kann als Neuling in diesem Land nicht lange fremd sein.

Immer wieder treffe ich in dieser Region auf Menschen, die es im Leben nicht leicht hatten, die während des Krieges und danach viel durchmachten und schwer arbeiten mussten. Bei ihnen spürt man eine gewisse Erdung, einen gesunden Realitätssinn und einen klaren Blick für das, was nötig ist. Das ist für mich eine willkommene Rückkopplung meiner politischen Arbeit. Hier erfahre ich, wie das, was wir in Mainz oder Berlin beschließen, ankommt.

Ich kann es nicht oft genug betonen: Mir ist wichtig zu wissen, was die Menschen denken. Deshalb sind es für mich auch keine hohlen Phrasen, wenn ich den Bürgerinnen und Bürgern verspreche, denen ich auf Marktplätzen gegenüberstehe, mich um ihre Anliegen zu kümmern. Viele erstaunt es, wenn sie später erfahren, dass ich in ihrer Angelegenheit aktiv geworden bin.

Doch warum sollte es erstaunen? Ich frage mich, was aus der Politik geworden ist, wenn die Bevölkerung uns Politikern in erster Linie zutraut, große Sprüche zu klopfen, wenn sie kein persönliches Engagement mehr von uns erwartet? So lese ich auch die Briefe, die man mir schickt. Rund 4000 Anschreiben sind das pro Jahr, wenigstens nach Zählung von Hans-Jürgen Fries, dem Leiter unseres Bürgerbüros. Ich schreibe mit meinem grünen Stift die Anmerkungen darauf, wie man meiner Meinung nach das konkrete Problem behandeln sollte.

Ich will jedoch keinesfalls den netten Onkel aus der Pfalz geben. Mir liegt viel daran, dass jeder sich nach seinen Fähigkeiten auch einsetzt. Wenn es daran fehlt oder die Wünsche und Anliegen ganz unrealistisch sind, gibt es von mir Absagen – begründet oder mit Hinweisen, warum dem Ansinnen nicht entsprochen werden kann. Aus diesem Grund bin ich im Dezember 2006 auch ungemütlich geworden, als mich der gelernte Maurer Henrico Frank auf dem Weihnachtsmarkt anpöbelte. Er machte mich und alle Politiker für seine Arbeitslosigkeit verantwortlich. Seine damalige Haltung machte klar, dass er mit einem solchen Vorgehen und Äußeren selbst bei Vollbeschäftigung keine neue Tätigkeit finden würde.

Erst sollte man vor der eigenen Tür kehren, bevor man sich über andere beschwert – das ist eine Grundansicht, die sicher viele mit mir teilen. Sich zu waschen und zu rasieren und so nach einer Anstellung zu suchen, gehört für mich dazu. Es hat sich auch gezeigt, dass Herr Frank, nachdem er diesen Weg eingeschlagen hat, mittlerweile eine Arbeit finden konnte.

Für andere da sein

Vor mehr als sechzig Jahren erklärte der erste Ministerpräsident von Rheinland-Pfalz, Peter Altmeier von der CDU, vor dem Landtag: Die Regierung »vermag zunächst nichts zu versprechen als die Aussicht auf ein Dasein voller Not, Entbehrung und schwerster Arbeit«. Aus dieser Aussicht ist Zuversicht geworden, verbunden mit einer gewaltigen Auf- und Umbauleistung. Die Menschen in dieser Region verstanden es schon immer zu arbeiten. Und schon immer gab und gibt es viele, die sich für andere engagierten – im Beruf ebenso wie im Ehrenamt. In Rheinland-Pfalz ist jeder Vierte in seiner Freizeit ehrenamtlich aktiv. Diese Menschen fragen zuerst, was sie tun können, nicht, was sie für ihren Einsatz bekommen werden.

Diese Einstellung gehört zum Grundprinzip einer starken Bürgergesellschaft, von der ich ein großer Anhänger bin. Eine Bürgergesellschaft kann den Sozialstaat nicht ersetzen, das soll sie aber auch nicht. Dennoch: Wir sind auf aktive und engagierte Bürger angewiesen, um die sozialen Bindekräfte, die Solidarität und den Zusammenhalt in unserer Gesellschaft zu erneuern, um Freiheit in verantwortlicher Weise zu nutzen und öffentliche Räume in ihrer Lebensqualität für alle Menschen zu sichern und zu entwickeln. Ihr Verantwortungsbewusstsein und ihre ständig neue Bereitschaft, für das Gemeinwohl tätig zu werden, sind in hohem Maße vorbildlich. Nicht zuletzt beim Kampf gegen Rechtsextremismus, bei der Integration von Zuwanderern und dem Dialog der Religionen kommt es entscheidend darauf an, dass Bürgerinnen und Bürger aus eigenem Antrieb unsere Grundwerte mit Leben erfüllen. Unser demokratisches Gemeinwesen – von den Städten und Gemeinden bis zu den Ebenen des Bundes und Europas – bezieht einen wesentlichen Teil seiner Zukunftsfähigkeit aus dieser aktiven Bürgergesellschaft.

Das sollte jeder im Kopf haben, der Mobilität und Flexibilität predigt. Wenn wir erwarten, dass Arbeitnehmer für einen Job im wahrsten Sinn des Wortes Haus und Hof verlassen, ihre Familien, Freunde, Vereine, alle gewohnten Strukturen aufgeben, um irgendwo neu anzufangen, erschweren wir die Möglichkeit wie auch die Bereitschaft zum Engagement für andere. Das muss bei der Debatte um globale Wirtschaftsläufe im Blick bleiben. So weit, dass die Gesellschaft atomisiert wird, in lauter Vereinzelte zerfällt, die unverbunden nebeneinanderher leben, dürfen wir es nicht kommen lassen.

Von daher ist es von großer Bedeutung, dass wir in der Großen Koalition auf Initiative von Peer Steinbrück das Ehrenamt gestärkt haben. Durch ein entsprechendes Gesetz aus dem Jahr 2007 werden die Menschen unterstützt, die Zeit für andere investieren, egal, ob sie auf dem Fußballplatz Kinder trainieren, für eine sinnvolle Beschäftigung von Jugendlichen sorgen oder ältere Menschen betreuen. Abgesehen davon ist es außerordentlich positiv, dass sich die Betroffenen ihr Engagement mittlerweile in vielen Bundesländern bestätigen lassen können. In Rheinland-Pfalz beispielsweise stellen wir Zertifikate aus, mit denen Menschen ab dem Alter von vierzehn Jahren ihre Kenntnisse und Fertigkeiten nachweisen können. Das kann bei Bewerbungen überaus hilfreich sein, schließlich legen immer mehr Unternehmen Wert auf die sozialen Kompetenzen ihrer Mitarbeiter. Wer zeigen kann, dass er sich für andere eingesetzt hat, dürfte in vielen Fällen einen Startvorteil genießen.

In dieselbe Richtung weist auch das neue Stiftungsrecht, durch das schon viele neue gemeinnützige Stiftungen entstanden sind. All das trägt zum gesellschaftlichen Klima bei. Dass dieses gut ist, hat hohe Bedeutung für das Gelingen notwendiger Modernisierungsprozesse. Unsere Gesellschaft muss den inneren Frieden bewahren. Wir dürfen uns nicht in einen unbarmherzigen und unsinnigen Kampf zwischen Arm und Reich, Alt und Jung, Zugewanderten und Einheimischen verlieren. Die Politik hat die Aufgabe, verschiedene Interessen zusammenzuführen und einen gerechten Ausgleich zu schaffen. So bleibt Deutschland ein weltoffenes Land, das von möglichst allen Menschen, die hier leben, als Heimat oder zumindest als Zuhause aufgefasst wird. Letztlich hat so verstandene Beheimatung sehr viel zu tun mit Modernisierung, mit Leistung, mit der Bereitschaft, sich neuen Herausforderungen zu stellen. Ohne die Erfahrung von Zugehörigkeit dürfte das für die meisten Menschen wenig Sinn haben.

10 BERLINER PERSPEKTIVEN – VORSITZENDER DER SPD

Manchmal kommt es heftig

»Das ist eine große Baustelle.« Nie werde ich diese Worte meines Vaters vergessen, als er im April 2006 erfuhr, dass ich den Vorsitz der Sozialdemokratischen Partei Deutschlands übernehmen würde. Wie recht er doch hatte. Ich bekam es mit einem gigantischen Projekt zu tun. 145 Jahre alt ist die Partei mittlerweile. Sie hat viel durchgemacht, vieles überstanden, und sie hat im Kampf um Arbeiterrechte, um Frieden, Freiheit und Demokratie auch viel erreicht. Dabei wurde immer gestritten. Seit wir uns 1959 zum Konzept der Volkspartei bekannt haben, sind die in der SPD vorhandenen Interessen und Prägungen noch breiter und zahlreicher geworden – und damit auch die Anlässe für leidenschaftliche Diskussionen. Natürlich war mir von Anfang an klar, welche schwierige Aufgabe es ist, das zusammenzuhalten. Dass es letztlich so heftig kommen würde, hatte ich dann aber doch nicht gedacht. Trotzdem lohnt ein Blick zurück, wie alles begann.

Seit dem Rückzug von Hans-Jochen Vogel 1991 haben sieben Vorsitzende die Partei geführt: Björn Engholm, Rudolf Scharping, Oskar Lafontaine, Gerhard Schröder, Franz Müntefering, Matthias Platzeck und ich. Wenn man von Lafontaine in seiner Endphase als Vorsitzender absieht, haben wir alle daran gearbeitet, die SPD zusammenzuschweißen, sie voranzubringen, ihren Einfluss als Volkspartei zu sichern, sie regierungsfähig zu machen und zu halten und vor allem sozialdemokratische Politik umzusetzen. Wir alle hätten deswegen nicht lange durchgehalten, weil die SPD von ihren Vorsitzenden zu viel verlange, lautet eine weit verbreitete Kritik. »Der Vorsitzende soll dem Urschlamm der Partei entschlüpft sein und ihre Traditionen und Werte verkörpern. Er soll proletarisch sein, intellektuell, führungsstark und mehrheitsfähig«, schrieb im April 2006 der *Spiegel*. An diesem Zitat sieht man, wie widersprüchlich die Anforderungen sind, die an den SPD-Vorsitzenden wie an alle Spitzenpolitiker gestellt werden. Ihnen gleichermaßen entsprechen zu wollen, ist praktisch unmöglich. Hinzu kommt ein immenses Arbeitspensum, weil die SPD mit ihren 12 500 Ortsvereinen ihren Vorsitzenden bei sich erleben will. Da demokratische Entscheidungen Führung, aber vor allem auch Diskussion und Kommunikation voraussetzen, ist das in Ordnung so.

Ich konnte nachvollziehen, dass Gerhard Schröder 2004 den Parteivorsitz an Franz Müntefering abgab. Die Debatte um den Agenda-Prozess hatte sich zugespitzt. Die SPD fühlte sich nicht ausreichend angesprochen, nicht mitgenommen. Es ist falsch, Gerhard Schröder dafür allein verantwortlich zu machen, denn er hat zunehmend große Anstrengungen unternommen, für diese Politik zu werben. Doch er selbst sagt in der Rückschau, seine Kraft habe nicht ausgereicht, um dahin zu gelangen, dass die SPD die Agenda-Politik entschlossen und offensiv vertrat. Mit seinem Rückzug wollte er die wachsende Distanz zwischen Partei und Parteiführung stoppen. Franz Müntefering war für ihn – und für uns alle – der dafür einzig denkbare Kandidat. Er verkörperte vieles von dem, was in der Situation gebraucht wurde, und weckte die Hoffnung auf einen neuen Schwung.

Es sollte sich bedauerlicherweise herausstellen, dass das nicht ausreichte. Wir verloren trotzdem immer mehr an Zustimmung, und schließlich auch unser Stammland Nordrhein-Westfalen. Schröder und Müntefering entschieden sich für Neuwahlen. Am 22. Mai 2005 erreichte mich gegen Mittag ein Anruf aus dem Kanzleramt. Schröder erklärte kurz die Lage und bat mich – ebenso wie die anderen stellvertretenden Parteivorsitzenden – nach Berlin zu kommen. Wir hätten Wichtiges zu bereden. Uns allen war die dramatische Lage klar, in der die Partei sich befand. Eine Serie von Landtagswahlen war verloren gegangen. Heide Simonis war im März offensichtlich an einem Heckenschützen aus unseren eigenen Reihen gescheitert. In Nordrhein-Westfalen mussten wir schwere Verluste hinnehmen. Vor allem war es aussichtslos geworden, im Bundesrat Kompromisse zu erzielen, die auf Dauer von der SPD hätten getragen werden können. Einer konstruktiven Politik für das Land wegen mussten die Mehrheitsverhältnisse geklärt werden. Diesen Überlegungen stimmte ich zu.

Der schwierigen Entscheidung vom Mai folgte allerdings ein fulminanter Wahlkampf. Ich bin überzeugt: Hätten wir zwei oder drei Wochen mehr zur Verfügung gehabt, wir hätten noch einmal stärkste Fraktion im Bundestag werden können. Gerhard Schröder zeigte sich wieder als grandioser Wahlkämpfer, der die andere Seite mit präzisen Aussagen in die Enge trieb. Am Ende mussten wir uns mit der Tatsache abfinden, dass eine Große Koalition unvermeidlich wurde, auch weil sich die FDP einem Bündnis mit der SPD und den Grünen verweigerte.

Mit dem Koalitionsvertrag und der Ressortverteilung konnten wir gut leben. Die SPD hatte die schwierigen Ministerien übernommen, doch boten sich so auch gute Gestaltungsmöglichkeiten. Mit Franz Müntefering als Vizekanzler und Arbeitsminister sowie Frank-Walter Steinmeier als Außenminister und Peer Steinbrück als Finanzminister waren drei herausgehobene Positionen von uns besetzt. So ausgerüstet hat die Große Koalition in weiten Teilen und bis heute sozialdemokratische Politik gemacht. Von den Wahlversprechen der Union ist nicht viel übrig geblieben.

Aber die SPD war mit der eigenen Politik und dem eigenen Erfolg noch nicht versöhnt. Zur Erinnerung: Es ging darum, dass Müntefering im Oktober 2005 seinen langjährigen Vertrauten Kajo Wasserhövel zum Generalsekretär der Partei machen wollte. Dagegen gab es viele Vorbehalte. Andrea Nahles kandidierte gegen Wasserhövel. Ich war damals in Andalusien. Meine Frau und ich hatten einen lange geplanten Urlaub angetreten. Pausenlos telefonierte ich, blieb aber letztlich in Spanien, weil mir alle entscheidenden Leute bedeuteten, Nahles wolle unbedingt als Generalsekretärin antreten, habe aber im Parteivorstand keine Chance, sich durchzusetzen. Als sich diese Einschätzung änderte, gab es für mich keine Möglichkeit, rechtzeitig in Berlin zu sein. Ich hatte Andrea Nahles gewarnt, hatte auf sie eingeredet, die Gegenkandidatur bleiben zu lassen. Ich versuchte ihr klar zu machen, dass es Positionen gibt, die man nicht gegen den Willen des Vorsitzenden besetzen darf. Der Generalsekretär gehört dazu, ebenso der Geschäftsführer oder der Büroleiter. Ansonsten muss das als Misstrauensvotum verstanden werden.

Ich konnte Franz Müntefering gut verstehen, obwohl ich seinen Schritt sehr bedauert habe. Doch er war nicht der Erste, der in einer solchen Situation das Handtuch warf. Ich habe etliche Bücher über das Leben führender Sozialdemokraten gelesen und erinnere mich noch daran, dass Willy Brandt aus einem ähnlichen Grund den Parteivorsitz aufgab. Peter Merseburger beschreibt in seiner spannenden Brandt-Biografie *Visionär und Realist* sehr anschaulich, wie seinerzeit die Debatte im Parteivorstand verlief, als Willy Brandt die Politologin Margarita Mathiopoulos als Parteisprecherin durchsetzen wollte und damit auf massiven Widerstand stieß: »Vergebens setzt sich – ein innerlich wohl kaum überzeugter – Hans-Jochen Vogel für ihre Berufung ein, weil Parteivorsitzender und Pressesprecher besonders eng zusammenarbeiten müssten und deshalb in diesem Fall zu tun sei, was der Vorsitzende für richtig halte. Auch würde es Willy Brandt in seinem Amt beschädigen, wenn die Parteiführung nach der Wahl eines von Brandt nicht gewünschten Schatzmeisters ein zweites Mal die Zustimmung versage.«

Der Schatzmeister war Hans-Ulrich Klose, der als Kandidat des linken Flügels und Lafontaines galt. Tatsächlich hatte ihn Brandt bereits zuvor gefragt, ob er dieses Amt nicht übernehmen wolle. An der Einschätzung Vogels ändert das aber nichts: Wenn ein Vorsitzender seine Personalvorschläge nicht durchsetzen kann, leidet seine Autorität. Das wusste Brandt – und mit ihm Peter Glotz, der als Bundesgeschäftsführer im Zuge dieses Vorgangs 1987 ebenfalls zurücktrat. Und das wusste auch Franz Müntefering. Als klar war, dass Andrea Nahles sich mit dreiundzwanzig gegen vierzehn Stimmen durchgesetzt hatte, erkannten sie und ihre Mannen, welchen Scherbenhaufen sie angerichtet hatten. Doch es war zu spät. Sie waren einer Fehleinschätzung erlegen, erkannten die Tragweite ihres Handelns nicht, obwohl viele, wie ich auch, sie darauf hingewiesen hatten. Franz Müntefering ließ sich nicht mehr umstimmen.

Mit Matthias Platzeck hätte es ruhig weitergehen können

Noch vom Flughafen in Spanien aus telefonierte ich mit Matthias Platzeck. Mir war klar, dass ich nicht als Parteivorsitzender würde antreten können. Natürlich hätte mich diese Aufgabe damals schon gereizt. Doch wir standen kurz vor der Landtagswahl in Rheinland-Pfalz. Da wäre es unmöglich gewesen, den Schwerpunkt meiner Arbeit nach Berlin zu verlagern. Das sagte ich Matthias Platzeck im Grundsatz am Telefon. Wir trafen uns danach in Berlin in der brandenburgischen Landesvertretung. Ich merkte deutlich, dass er gern den Parteivorsitz übernehmen würde. Wir haben das Thema sehr offen besprochen. Hätte ich zum damaligen Zeitpunkt meinen Hut in den Ring geworfen, Platzeck hätte nicht gegen mich kandidiert. Ich war aber sehr dafür, dass er die Aufgabe übernimmt. Darüber hinaus stimmte ich mit ihm auch inhaltlich überein. Ich war mir sicher, er würde die Sache gut machen. Und natürlich gab es den ganz praktischen Grund, dass ich dachte, er hätte es von Potsdam aus leichter, die Ämter des Parteichefs und Ministerpräsidenten zu verbinden. Von Potsdam aus ist man schneller in Berlin als von Mainz aus. Wir besprachen auch, dass ich ihn nach Kräften unterstützen und entlasten würde – und entwarfen quasi das Modell des ersten stellvertretenden Vorsitzenden. Das Amt gibt es nach den Statuten eigentlich nicht, sollte aber herausstellen, dass ich bereit war, Verantwortung entscheidend mit zu tragen. In dieser Konstellation hätte es von mir aus weitergehen können.

Dass Matthias Platzeck nach kurzer Zeit aus gesundheitlichen Gründen ausscheiden musste, hat mich sehr bestürzt. Ich hatte lange von seinen ernsthaften Erkrankungen nichts gewusst. Eine Woche, bevor er seinen Rücktritt verkündete, rief er mich an. Er lag im Krankenhaus und sagte, wir müssten miteinander darüber reden, wie es weitergehen solle. Mir schwante Schlimmes, als wir uns für den übernächsten Tag in Berlin verabredeten. Ich hatte Wert darauf gelegt, dass Franz Müntefering als Vizekanzler an dem Gespräch teilnahm. Auf dem Weg zu unserem Treffen in der Rheinland-Pfalz-Vertretung hatte ich noch die Hoffnung, wir könnten ein Modell finden, das den Vorsitzenden stark entlastet, sodass er das Amt weiter ausüben könnte. Als Matthias Platzeck aber die Lage schilderte, war mir sehr schnell klar, dass das nicht gehen würde. Wenn ein Mensch gesundheitlich derart angeschlagen ist, kann man ihn nicht drängen, politische Ämter zu behalten, die er sich nicht mehr zumuten will.

Die Nachricht betrübte mich sehr. Ich hatte zu Matthias Platzeck ein freundschaftliches Verhältnis entwickelt, und seine offensichtliche Betroffenheit über die notwendigen Konsequenzen ging mir nahe. Zugleich bewegte mich die Sorge, dass nun wieder Unruhe und Verunsicherung in die SPD kommen würde. In den folgenden Tagen redeten wir viel – Matthias Platzeck, Franz Müntefering und ich. Ich spürte, dass die Hoffnungen der beiden sich auf mich richteten. In einer solchen Situation kann man sich nicht verweigern. Trotzdem habe ich mir Bedenkzeit ausgebeten. Ich bin zurück nach Hause geflogen und habe mich mit meiner Frau besprochen. »Wenn du meinst, dass du es tun musst, musst du es wohl tun«, sagte sie zu mir. Sie wusste, dass die Entscheidung zulasten unseres ohnehin zu kurzen Privatlebens gehen würde. Meine Familie ist sehr geduldig. Sie weiß, was die SPD mir bedeutet und wie wichtig mir meine Arbeit ist. Deshalb lässt sie große Nachsicht walten.

In Mainz beriet ich mich auch mit meinen Weggefährten. Martin Stadelmaier gehörte dazu, der Leiter der Staatskanzlei, ebenso wie mein Freund Jürgen Zöllner. Ich hatte auch Bildungsministerin Doris Ahnen und Wirtschaftsminister Hendrik Hering zu einem Gespräch gebeten. Mit Theresia Riedmaier, die eine meiner Stellvertreterinnen im Landesvorsitz ist, telefonierte ich lange. Ich wollte die Einschätzung von politischen Freunden hören, nicht nur, weil sie ermessen konnten, was diese neue Aufgabe bedeutete, sondern auch, weil sie über kurz oder lang in Mitleidenschaft gezogen würden. Meine absehbaren Verpflichtungen in Berlin und anderswo konnten nur geschultert werden, wenn meine Stellvertreter in der Landespartei und die Mitglieder unseres Kabinetts im Rahmen der Möglichkeiten für Entlastung sorgten.

Erschwerend kam hinzu, dass wir uns in Rheinland-Pfalz mitten in der Regierungsbildung befanden. Wir hatten bei der Landtagswahl die absolute Mehrheit gewonnen. Das Kabinett musste umstrukturiert, die Ministerien des früheren Koalitionspartners mussten umbesetzt werden. Die Konstituierung des Landtags, meine Wahl zum Ministerpräsidenten und die Regierungserklärung standen noch vor uns. Trotzdem: Den SPD-Vorsitz konnte ich nicht zurückweisen. Es wäre mir verantwortungslos vorgekommen. Meine Gespräche haben mich in dieser Haltung bestätigt, nicht zuletzt, weil mir nochmals bewusst wurde, wie gut ich mich auf meine Parteifreunde im Land verlassen kann.

Start in Berlin mit öffentlichem Mobbing

Ich flog also wieder nach Berlin. Sonntagabends trafen Müntefering, Platzeck und ich uns mit der übrigen Parteiführung und mit Peter Struck, dem Vorsitzenden der Bundestagsfraktion, im Willy-Brandt-Haus, der Parteizentrale der SPD. Meine Entscheidung war gefallen. Ich hatte mich nicht danach gedrängt, die Nachfolge von Bebel und Brandt anzutreten. Gleichwohl traute ich mir das Amt zu. Freudige Gefühle wollten sich allerdings nicht einstellen, als ich am Montagvormittag – es war der 10. April 2006 – im Foyer der Parteizentrale hinter Matthias Platzeck vor die Presse trat und zuhörte, wie er den versammelten Hauptstadt-Journalisten die Nachricht erklärte, die seit dem frühen Morgen die Politik elektrisierte und die Partei erschütterte. Zweifellos hatte ich eine schwierige Aufgabe übernommen. Ich wusste, es würde hammerhart werden. Allerdings hätte ich nicht erwartet, dass ein solch öffentliches Mobbing möglich ist, wie ich es dann monatelang erfahren musste.

Zu diesem Zeitpunkt, als wir vor die Presse gingen, hatte ich bereits mit der Bundeskanzlerin telefoniert und ihr erklärt, dass auch ich zur Großen Koalition stehe, dass sich an der Verlässlichkeit der SPD durch den Führungswechsel nichts ändern werde. Das verstand sich im Grunde von selbst. Schließlich mussten wir einen Wählerauftrag erfüllen. Im Übrigen war ich an der Ausarbeitung des Koalitionsvertrags bereits beteiligt gewesen. In die Partei hinein versicherte ich Müntefering und Struck, dass ich keinesfalls beabsichtige, als Obervizekanzler oder Oberfraktionschef wirken zu wollen. Mir lag daran, so schnell wie möglich zu geordneter Politik übergehen zu können, um der SPD den erneuten Wechsel an der Spitze so schmerzlos wie möglich zu gestalten. Doch von ruhiger Sacharbeit wollten vor allem die Medien nichts hören.

Noch an dem Montag, an dem Platzeck seinen Rücktritt verkündet hatte, fragte mich die *Bild*-Zeitung, ob ich nun Kanzlerkandidat werden wolle. Es ging wieder einmal nicht um Inhalte, es ging um Personen und die öffentlich gewogene Machtbalance in der Partei. Bald darauf diskutierte die Medienlandschaft die Frage, ob ich nun ins Kabinett wechseln würde – und wenn ja, für wen? Dabei hatte ich von Anfang an deutlich gemacht, dass ich mein Amt als Ministerpräsident von Rheinland-Pfalz behalten würde. Schließlich war und bin ich den Wählern verpflichtet, die mich gerade mit absoluter Mehrheit ausgestattet hatten. Außerdem behagte mir die Vorstellung nicht, als Vorsitzender der fast gleich starken Koalitionspartei von der Vorsitzenden der anderen Partei entlassen werden zu können. Formal kann das eine Bundeskanzlerin. Das würde zwar kaum passieren, aber die gleiche Augenhöhe, mit der wir in diese Koalition gegangen sind, wäre das für mein Gefühl nicht mehr gewesen. Mein Schwerpunkt als Parteivorsitzender sollten auch andere Fragen sein als die Tagespolitik am Kabinettstisch.

Als ich den Parteivorsitz 2006 übernahm, hieß es zudem landauf, landab, die SPD habe gerade begonnen, den pfleglichen Umgangston von Matthias Platzeck zu genießen, nachdem sie jahrelang zuerst von Gerhard Schröder und anschließend von Franz Müntefering kujoniert worden sei. Während die Partei durch die beiden Letztgenannten und ihre jeweilige Machtwort-Reformpolitik gespalten worden sei, hätten die eher milden Worte Platzecks wie Balsam auf der geschundenen SPD-Seele gewirkt. Ich sei sicher geeignet, die Flügel der Partei wieder zusammenzuführen, lautete die Prognose. »Seine Fähigkeit ist es, zu moderieren, Konsens herzustellen, Ausgleich zu schaffen«, urteilte der Landauer Politikwissenschaftler Ulrich Sarcinelli in der *Berliner Zeitung* vom 12. April 2006. Sarcinelli kennt mich so gut wie ich ihn.

Und er fügte hinzu: »Er wird keine entscheidenden Theorieimpulse geben.«

Mein Interesse an theoretischen Debatten habe ich an anderer Stelle schon beschrieben. Was ich mir aber von Anfang an vorgenommen hatte: Ich wollte der Partei zu einem neuen Grundsatzprogramm verhelfen. Es galt, einen Prozess zu Ende zu führen, der für die SPD lebensnotwendig war. Schon unter Scharping hatte man mit den Vorbereitungen begonnen. Seiher hat es keiner der Vorsitzenden zu Ende bringen können. Dafür gab es zum Teil plausible Gründe. Schröder wollte und konnte zusätzlich zum Regierungsamt dafür keine Kraft aufwenden, verständlicherweise. Müntefering und Platzeck waren beide nicht lange genug im Amt. Die Partei brauchte aber neue Orientierung – und also dieses neue Grundsatzprogramm.

Die veränderte Sicherheitslage, weltweit wie im Innern, der Globalisierungsprozess, der verbreitete Marktradikalismus, dem Fragen nach sozialer Sicherheit und Gerechtigkeit nichts gelten, die wieder zunehmende Tendenz, ökonomische und ökologische Ziele gegeneinanderzustellen, Fragen nach der Rolle Deutschlands und Europas sechzehn Jahre nach Ende des Kalten Krieges – all das verlangte nach neuen und eindeutig formulierten Antworten der SPD. Deshalb wollte ich es unbedingt schaffen, der Partei programmatisch wieder ein zeitgemäßes Fundament zu geben, damit sie sicher in die Zukunft gehen konnte.

Das war ein intensiver und phasenweise auch schwieriger Prozess, an dem viele mitgearbeitet haben, da gebührt mir durchaus nicht allein Lorbeer. Wir haben es geschafft, einen intensiven Diskussionsprozess in Gang zu setzen. Das alles hat sich nicht nur im Willy-Brandt-Haus in Berlin abgespielt, sondern wirkte tief in die Partei hinein. Wir bekamen unzählige Änderungsanträge, rund tausend noch in der Endphase, auch von kleinen Ortsvereinen. Ich besuchte Universitäten und diskutierte mit Studenten und Hochschullehrern. Ich traf Künstler und beriet mich mit Gewerkschaftern. Wir erbaten uns Vorschläge von Kirchenleuten, Wissenschaftlern und vielen anderen. Das war ein spannender Prozess, der der Partei insgesamt große Lebendigkeit brachte. Wir haben ihn auf dem Parteitag im Oktober 2007 in Hamburg zu Ende geführt. Und ich darf sagen, dass ich mit dem Ergebnis sehr zufrieden und einverstanden bin. Insoweit lässt mich die Kritik kalt, ich hätte der SPD keine theoretischen Impulse zu bieten. Ich will auch kein theoretisches Grundsatzprogramm, sondern eines, das praktische Konsequenzen erlaubt.

Unsicherheiten in der Parteizentrale

Mich überrascht immer wieder, wie wenig danach gefragt wurde, was man als Parteichef eigentlich mit seiner Politik erreichen möchte. Warum hatte ich das Amt des Parteivorsitzenden übernommen? Natürlich aus Verantwortungsbewusstsein. Selbstverständlich bin ich ehrgeizig, aber Ehrgeiz und Machtstreben gelten bei diesem Ehrenamt zuerst wenig. Persönlich, so denke ich oft, muss ich mir nichts mehr beweisen. Wenn eine Auseinandersetzung nötig ist, will ich sie auch gewinnen. Aber nicht um des Sieges, sondern um der Sache willen.

Bei der Sache, bei den Werten, die die Entscheidungen prägen, beim Ziel meiner politischen Arbeit sehe ich mich tief verwurzelt in der sozialdemokratischen Tradition und Geschichte. Wir Sozialdemokraten tragen die Verantwortung dafür, diese Gesellschaft zusammenzuhalten. Ferdinand Lassalle, der am 23. Mai 1863 den Allgemeinen

Deutschen Arbeiterverein in Leipzig gründete, ging es damals um die Demokratie und um die Befreiung der Menschen aus Abhängigkeit. Das war ein harter Kampf. Viel ist seitdem erreicht worden. Doch heute stehen wir vor einer nicht minder schwierigen Aufgabe: Wir müssen ein erneutes Auseinanderdriften dieser Gesellschaft verhindern. Deutschland wird gespalten in ein Oben und Unten. Weiten Teilen der Bevölkerung wird der Boden unter den Füßen weggezogen. Die Mittelschicht schwindet dahin. Menschen mit solider Ausbildung und guten Jobs fürchten plötzlich um ihre Existenz. Das kann und darf Politik nicht hinnehmen.

Wenn man eine Politik der sozialen Gerechtigkeit verfolgen will, kann man nicht im eigenen Haus ohne Rücksicht auf Verluste wirken. Es wurde häufig geschrieben, ich hätte das Willy-Brandt-Haus gleich zu Beginn meiner Zeit als Vorsitzender mit meinen Leuten besetzen müssen, dann wäre vieles besser gelaufen. Das bezweifle ich. Ich fand eine SPD und eine SPD-Zentrale vor, die zutiefst erschrocken darüber war, erneut einen Vorsitzenden verloren zu haben. Das Willy-Brandt-Haus befand sich bereits im Umbruch. Franz Müntefering und Matthias Platzeck hatten schon Personalumstellungen vorgenommen. Menschen hatten zum Teil erst vor wenigen Wochen und Monaten ihre alten, mitunter verantwortungsvollen und gut bezahlten Positionen aufgegeben, um in der SPD-Zentrale neue Aufgaben zu übernehmen. Die Unsicherheit im Haus war mit Händen zu greifen. In einer solchen Situation überlegt man zweimal, ob man zum Zweck der persönlichen Machtabsicherung Personal entlässt. Ich plädiere nach außen immer nachdrücklich dafür, dass in Deutschland die Philosophie des Hire and Fire nicht gelten dürfe. In der Sozialdemokratie aber darf sie erst recht nicht Platz greifen. Wenn eine solche Entscheidung einmal begründet gefällt werden muss, sollte sie eine Ausnahme bleiben.

Abgesehen davon, musste ich auch einen Blick auf die Parteikasse halten. Das klingt profan, darf aber nicht außer Acht bleiben. Durch die ständigen Personalwechsel der Vergangenheit war sie stark belastet. Zudem wäre es nicht einfach gewesen, Leute, die mich gut kannten und mit denen ich vertrauensvoll zusammengearbeitet habe, einfach von Mainz nach Berlin zu versetzen. Schließlich hatte ich sie gerade in Rheinland-Pfalz in wichtige Funktionen gebracht. Da wurden und werden sie gebraucht. Es wäre unsinnig gewesen, dort Lücken zu reißen. Ich habe einen Eid darauf geschworen, dafür zu sorgen, dass das Land gut regiert wird. So etwas nehme ich ernst.

Somit hatte ich mich letztlich entschieden, nur die Stelle meines eigenen Büroleiters mit Wolfgang Wiemer neu zu besetzen und ansonsten auf Vertrauen im Haus zu bauen, das Hubertus Heil zu leiten hat. Zweifellos bin ich bitter enttäuscht worden. Aber es entspricht meiner tiefen Überzeugung, Führung durch Vertrauensvorschuss auszuüben und auf Einsicht und Überzeugung zu setzen. Das hatte bisher immer zum Erfolg geführt.

11 WOZU NOCH SOZIALDEMOKRATIE?

Große Unternehmen, null Verantwortung

Die Ziele des Allgemeinen Deutschen Arbeitervereins waren so klar wie umfassend: Es ging um das allgemeine freie Wahlrecht. Gleichberechtigt neben dem Kampf um die politischen Rechte stand der um Selbstbestimmung und soziale Gerechtigkeit. Ferdinand Lassalle und seine Mitstreiter wollten für die Arbeiter Teilhabe am Wohlstand – und zwar für jeden. Sie strebten danach, Arbeit und Kapital auf gleiche Augenhöhe zu bringen. In gewisser Weise müssen wir hier heute wieder ansetzen. Lassalles Ideen sind von brennender Aktualität, denn das Land wird, wie ich zuvor schon ausführte, gespalten in ein Oben und Unten. Gewaltig steigende Managerbezüge bei gleichzeitig sinkenden Löhnen, wie es noch bis vor kurzem war, illustrieren das.

Überraschende Betriebsschließungen, unsichere Finanzmärkte oder die zuletzt auch durch Spekulation hochgetriebenen Energie- und Lebensmittelpreise rufen bei vielen Menschen Unsicherheit hervor. Dabei geht es ihnen durchaus darum, für sich selbst zu sorgen. Die Menschen wollen jedoch, dass es dabei gerecht zugeht, und sie möchten sicher sein: Meinem Unternehmen, in dem ich arbeite, geht es gut, also kann ich planen, kann heiraten, eine Familie gründen, vielleicht sogar ein Haus bauen. Sie wollen sich darauf verlassen können, dass sie und ihre Kinder mit bestmöglicher Bildung einen Arbeitsplatz finden, der sie ernähren kann. Die Menschen möchten in der Gewissheit leben, dass sie ihr Leben in verlässlichen Rahmenbedingungen selbst organisieren können.

Das sind die Erwartungen an die Politik, insbesondere an die SPD, die in der Bevölkerung vorherrschen. Niemand schert sich darum, ob das eine Erwartung der »Mitte«, ob das eine bürgerliche oder eine linke Zielsetzung ist. Schubladendenken führt zu nichts. Die Menschen sortieren sich nicht in politische Kategorien ein, über die dann gestritten wird, sondern erwarten vernünftige und nachvollziehbare Politik.

Wir in der SPD sprechen von der »solidarischen Mehrheit«, weil eine Mehrheit in Deutschland außerordentlich leistungsbereit und zugleich an sozialer Gerechtigkeit und Sicherheit interessiert ist. Dazu fällt mir ein, was wir bereits in unserem Godesberger Programm von 1959 formuliert haben: »Sozialpolitik hat wesentliche Voraussetzungen dafür zu schaffen, dass sich der Einzelne in der Gesellschaft frei entfalten und sein Leben in eigener Verantwortung gestalten kann.« Ich würde das allerdings nicht auf Sozialpolitik beschränken. Wenn es keine vernünftige Wirtschaftspolitik gibt, muss jede Sozialpolitik versagen. Und ich finde, das gilt auch umgekehrt. Sorgen macht mir, dass große Unternehmen kaum noch soziale Verantwortung für das Ganze wahrnehmen. Hier liegt einiges im Argen. Natürlich sollen diejenigen, die ihr Kapital investieren, ihre Gewinne einfahren. Es kann aber nicht sein, dass kurzerhand ein paar tausend Leuten gekündigt wird, weil die Rendite nur 18 und nicht 22 Prozent ausmacht. Das hat mit sozialer Marktwirtschaft nichts mehr zu tun. Zu Recht hat Helmut Schmidt hier den Begriff vom »Raubtierkapitalismus« geprägt.

Auch die ständigen Drohungen, Arbeitsplätze ins Ausland zu verlegen, weil das Lohnniveau hierzulande zu hoch sei, halte ich für unsozial. Da wird unzulässiger Druck aufgebaut und menschenunwürdige Verunsicherung geschaffen. Die damit einhergehende Absolutheit der materiellen Interessen will ich nicht akzeptieren. Beispielsweise zeigen die großen deutschen Unternehmen, die sich noch in Familienbesitz befinden, dass es anders geht. Sie schielen nicht nach dem schnellen Profit, sondern verfolgen langfristige Strategien. Wir müssen uns also nicht auf eine Ausformung des Kapitalismus einlassen, in der die Shareholder-Interessen allem anderen übergeordnet werden. Im Gegenteil: Wir müssen wieder eine Unternehmensphilosophie salonfähig machen, die nicht nur am Quartalsergebnis gemessen wird. Es muss vielmehr in den Blickpunkt rücken, ob eine Firma sich so aufstellt, dass sie über Generationen hinweg Bestand hat. Gefragt ist Verantwortung über den Tag hinaus – für die Arbeitnehmer und die Regionen.

Politik ist nicht ohnmächtig

Wenn ich mir anschaue, mit welchen Thesen die Union in den Bundestagswahlkampf 2005 gegangen ist, dann weiß ich, dass wir Sozialdemokraten am Ende allein dafür sorgen müssen, dass unsere Wirtschaft auch in Zukunft eine soziale Marktwirtschaft ist. Erst recht weiß ich, wie sehr die SPD für die Chancengleichheit kämpfen muss, wenn ich höre, dass der Vorsitzende des Rings Christlich-Demokratischer Studenten, ein junger Kerl namens Gottfried Ludewig, ernsthaft die Wiedereinführung des Klassenwahlrechts fordert, ohne von der CDU-Spitze dafür öffentlich zur Ordnung gerufen zu werden. Wenn in vermeintlich intellektuellen Kreisen solche Debatten möglich sind, müssen alle Alarmglocken schrillen – und wir müssen gegensteuern.

Für eine gerechte Gesellschaft zu kämpfen, ist mein Ziel als Parteivorsitzender. Ich bin nicht bereit, die Klage zu akzeptieren, wer für gerechte Löhne und menschliche Arbeitsbedingungen eintrete, sei schuld am Niedergang der Volkswirtschaft. Das Gegenteil ist richtig: Wenn eine maßlos gierige Ökonomie den Zusammenhalt der Gesellschaft zerstört, wird auch geordnetes und zuverlässiges Wirtschaften unmöglich. Wir brauchen einen Mindestlohn, damit jeder, der arbeitet, davon leben kann. Auch der Kündigungsschutz führt nicht in den wirtschaftlichen Niedergang. Eher ist richtig: Er leistet einen entscheidenden Beitrag zur Stabilität und zum sozialen Frieden.

Natürlich unterliegt ein Land wie Deutschland den weltweiten Veränderungen der Wirtschafts- und Finanzmärkte. Doch lassen sich selbst in Zeiten der Globalisierung Steuerungsmechanismen einbauen. Wo die Nationalstaaten allein nicht mehr handlungsfähig zu sein scheinen, müssen internationale Regeln geschaffen werden – in der Europäischen Union und mithilfe dieses Zusammenschlusses auch weltweit. Das Gefährlichste wäre, wenn der Eindruck entstünde, Politik sei ohnmächtig. Dies würde letztlich die Demokratie bedrohen.

Es gibt schon jetzt alarmierende Zeichen. Offenbar empfinden bereits 19 Prozent der Menschen im Westen und 38 Prozent der Menschen im Osten Deutschlands, unsere Gesellschaftsordnung sei es nicht wert, dass man für sie eintrete. Das ist ein erschreckendes Ergebnis. Nun dürfen wir Wut und Frustration über aktuelle Entwicklungen nicht mit einer grundsätzlichen Ablehnung der Demokratie gleichsetzen. Viele Menschen, die so denken, wollen die Demokratie, sie fühlen sich nur nicht in unserer gegenwärtigen Gesellschaft anerkannt, trotz all der Anstrengungen, die sie auf sich genommen haben.

Es hilft jedoch nichts, diesen Menschen mit Vorwürfen oder moralischen Ansprüchen zu begegnen. Wir müssen ihnen zeigen, dass die Demokratie sie nicht im Stich lässt. Dafür ist es notwendig, mit ihnen zu reden. Wir müssen den Dialog führen, so banal das klingen mag. Das »große Gespräch«, so hat Willy Brandt es genannt, als er beschreiben wollte, was den ganz besonderen Stil der sozialdemokratischen Politik ausmacht.

Herbert Wehner hat das aufgegriffen und erklärt, es handle sich um »die Gegenposition zu der Starrheit, die Gegenposition zu dem ›Von-oben-herab‹, die im Staatsbürger nur den Stimmbürger sieht«. Der SPD muss es um das Ganze der Gesellschaft gehen. Die Partei darf nicht von oben herab handeln, sie muss mit den Menschen Politik machen. Das meine ich mit »nahe bei den Menschen« zu sein.

Agenda 2010 – im Grundsatz richtig

Wenn es den Menschen darum geht, dass sich ihre Leistung lohnt, dass sie in Familie, Beruf oder Ehrenamt Anerkennung finden, wenn sie deshalb auch ein realistisches Sicherheitsbedürfnis haben, fällt mir daran auf: Das sind uralte sozialdemokratische Ziele und Werte. Es muss für uns also eine besondere Herausforderung sein, die Rahmenbedingungen – nicht zuletzt die der Globalisierung – so zu gestalten, dass es genügend Arbeit gibt und die geschaffenen Werte leistungsgerecht verteilt werden. Da denke ich nicht nur an die Einkommen. Ich habe ebenso die Perspektiven für die aktiven Generationen im Blick wie die der Kinder und Enkel. Sie alle brauchen Sicherheit, freie Zeit, gute Bildung und Ausbildung, ein selbstbestimmtes Leben im Alter und vieles mehr.

Bei allen diesen Fragen geht es aber zunächst einmal um unseren wirtschaftlichen Erfolg, der muss gewährleistet sein. Insoweit kann ich dem Satz von Gerhard Schröder, dass es weder linke noch rechte Wirtschaftspolitik gebe, sondern nur gute oder schlechte, eine Menge abgewinnen. Wenn aber der Erfolg nur einigen wenigen zugutekommt, dann ist das keine soziale Marktwirtschaft mehr, sondern blanker, gestriger Kapitalismus. Dieser widerstrebt nicht nur allen meinen sozialdemokratischen Überzeugungen. Ich bin mir sicher, würde er sich durchsetzen, geriete unsere Gesellschaft aus dem Gleichgewicht.

Zu Beginn der zweiten Amtszeit Schröders ging es der deutschen Wirtschaft seit langem nicht mehr gut. Selbst mit der großen Steuerreform der ersten Schröder-Regierung war es nicht gelungen, die von Helmut Kohl übernommenen Probleme zu lösen: große Staatsverschuldung, hohe Sozialbeiträge und damit teure Arbeit, unsichere Renten, Defizite bei der Bundesanstalt für Arbeit sowie mangelnde Zukunftsvorsorge durch niedrige Forschungsaufwendungen. Und das Bedrückendste war: eine andauernde und sogar noch ansteigende Massenarbeitslosigkeit, die die Fünf-Millionen-Grenze überschritt.

Die Stimmung im Land war entsprechend schlecht. Teilweise schmerzhaft wurde klar, dass trotz Steuersenkung, trotz Steigerung des Forschungsetats, Riester-Rente und intelligenter staatlicher Förderung etwa des neu entstandenen Marktes für alternative Energieproduktion die bisherigen Programme und Maßnahmen nicht ausreichten. Es musste etwas geschehen. Das Wachstum musste in Schwung gebracht, die Arbeitslosigkeit abgebaut werden.

Auch die langfristige Herausforderung war klar: Was können wir tun, um unter den Bedingungen der Globalisierung, also eines verschärften internationalen Wettbewerbs, soziale Sicherheit zu gewährleisten?

Die Antworten, die damals unter Leitung Frank-Walter Steinmeiers im Kanzleramt erdacht und zusammengetragen wurden, fanden sich in der Agenda 2010. Sie sind nach wie vor im Grundsatz richtig. Wir erleben heute, dass sie Früchte tragen. Doch in einigen Punkten haben sie die Menschen überfordert. Vor diesem Hintergrund gelingt es noch immer nicht, die Erfolge der sozialdemokratischen Politik für uns zu reklamieren.

Unser wichtigstes Anliegen war es 1998, den lähmenden Reformstau in Deutschland zu überwinden und endlich neue Arbeitsplätze zu ermöglichen. Das haben wir geschafft. Es waren noch nie so viele Menschen hierzulande erwerbstätig wie derzeit, und wir haben die Arbeitslosigkeit in einem Maße abgebaut, von dem man vor zehn Jahren nur träumen konnte. Neuerdings wird sogar darüber geredet, dass wir wieder Vollbeschäftigung in den Blick nehmen können. Wir haben also eine Menge erreicht. Aber Sozialdemokraten haben mit vielen anderen gemein, dass sie das, was erreicht wurde, zu selbstverständlich nehmen. Und das, was man noch nicht erreicht hat, malen sie in düsteren Farben aus.

Kurskorrekturen gehören zum Programm

So sind tatsächlich viele Erfolge unumstritten und, wie man sagt, »konsumiert«. Dennoch will ich an einiges erinnern: an die Reform der Arbeitsämter zu Agenturen, die vor allem vermitteln und nicht hauptsächlich verwalten sollen, an den Ausbau von Kindertagesstätten, an eine umfassende Forschungs- und Innovationsförderung, das Programm zum Ausbau von Ganztagsschulen oder an verschiedenste Infrastrukturmaßnahmen. Es sind langfristige Entwicklungen in Gang gesetzt worden, die sich auch zukünftig noch auszahlen werden – wenn sie nicht durch eine vollkommen andere Politik, etwa das Programm, mit dem die Unionsparteien 2005 in den Wahlkampf gezogen sind, abgebrochen werden.

Bei manchen Entscheidungen waren wir uns aber auch nicht völlig sicher, weshalb die Absicht zur ständigen Überprüfung und eine mögliche Änderung von Anfang an zum Konzept gehörte. So diskutierten wir schon Anfang 2005, dass beim Arbeitslosengeld die einjährige Bezugsdauer zumindest für ältere Tätigkeitssuchende verlängert werden müsse. Nur der vorgezogene Wahltermin verhinderte einen entsprechenden Beschluss der rot-grünen Mehrheit im Bundestag.

Aus sozialpolitischer Sicht ist es einer der ganz großen Erfolge, dass mehr als eine Million früherer Sozialhilfeempfänger, die das alte System alimentiert und ausgegrenzt hatte, nun in die Arbeitsvermittlung und aktive Arbeitsmarktpolitik einbezogen werden. Das Prinzip »Fördern und Fordern« bedeutet für diese Menschen neue Chancen.

Zu den Unstimmigkeiten im Reformprogramm gehörte eindeutig das Arbeitslosengeld für Ältere. Es ist gut, dass wir auf dem Hamburger Parteitag 2007 eine Kurskorrektur vornehmen und letztlich in der Großen Koalition durchsetzen konnten: Ältere Arbeitslose können nun länger Arbeitslosengeld I beziehen. Auf diese Weise ist es uns gelungen, eine soziale Ungerechtigkeit auszuräumen. Denn man muss in Rechnung stellen, dass Menschen über fünfzig in unserer Wirtschaftsordnung leider zum alten

Eisen zählen. Wenn sie arbeitslos werden, brauchen sie vielfach länger, um einen neuen Job zu finden. Man darf den Stolz dieser Menschen nicht verletzen. Es ist verständlich, dass jemand, der jahrzehntelang ordentlich und pflichtbewusst seine Aufgaben erledigt hat, nicht auf ein Niveau fallen möchte, als hätte er bislang kaum etwas geleistet. Das ist im Vorfeld nicht hinreichend berücksichtigt worden, nun aber ist diese Fehlentwicklung behoben.

Ein Stück Realismus

An der Agenda 2010 Korrekturen vorzunehmen, ist eigentlich eine Selbstverständlichkeit. Das Reformwerk ist, so positiv es sich auch auswirkt, nicht für die Ewigkeit in Stein gemeißelt. Vor diesem Hintergrund können es keine sachlichen Gründe gewesen sein, der SPD zu unterstellen, sie betreibe einen Kurswechsel oder rücke gar nach links. Dass alles, was verteilt wird, zuvor erarbeitet werden muss, wissen Sozialdemokraten seit anderthalb Jahrhunderten. Das wird auch in Zukunft so bleiben. Korrekturen sind keine Kursänderung oder gar Abkehr. Wir fahren nicht zurück.

Wir sind die Große Koalition eingegangen, damit der Kurs der wirtschaftlichen Stärkung Deutschlands, der langfristigen Sicherung des Sozialstaats und einer ökologisch verantwortlichen Politik nicht abgebrochen wird. Wir können und dürfen aber nicht stur an Details festhalten, die von den Menschen auch noch nach Jahren als ungerecht abgelehnt werden oder die den Praxistest im Lebensalltag der Menschen nicht bestehen.

Im Koalitionsvertrag mussten wir den Unionsparteien zugestehen, dass das Renteneintrittsalter auf siebenundsechzig Jahre angehoben wird. Wir hätten es für ausreichend gehalten, durch arbeitsmarkt- und rentenpolitische Regeln dafür zu sorgen, dass die meisten Menschen wenigstens die bestehende Altersgrenze von fünfundsechzig Jahren erreichen. Beiden Seiten kam es mithin darauf an, dass im Durchschnitt länger gearbeitet wird, und so mussten wir dieses Zugeständnis machen.

Ich hatte öffentlich bezweifelt, dass man einen Dachdecker mit fast siebenundsechzig Jahren noch auf den Sims klettern lassen dürfe. Dieses Bild hat fast jeder verstanden: Nicht jede Arbeit kann ohne Weiteres bis zum Alter von siebenundsechzig Jahren ausgeübt werden. Deswegen arbeitete die SPD auf meine Initiative hin an Lösungen für individuelle Übergänge vom Erwerbsleben in die Rente. Es ist schon bemerkenswert, wenn ein solches Stück Realismus als linke Abkehr von unserer Reformpolitik bezeichnet wird.

In vielen Gesprächen wird mir immer wieder deutlich, dass die Menschen diese Korrekturen für richtig halten. Wenn ich Betriebe oder Betriebsräte besuche, höre ich, wie froh man ist, dass wir den Wirklichkeiten des Arbeitslebens Rechnung getragen haben. Darum geht es, nicht darum, den Grundsatz »Fordern und Fördern« zugunsten des Förderns zu verschieben, also den Menschen wieder verstärkt Transferleistungen zukommen zu lassen, ohne von ihnen Einsatz und Engagement zu verlangen.

Ich habe weiterhin mit vielen Menschen gesprochen, mit Leuten, die stets ihrer geregelten Arbeit nachgegangen sind, aber nun um die Früchte ihrer Erwerbstätigkeit fürchten. Deutschland ist so reich wie nie zuvor in der Geschichte, trotzdem haben viele Menschen Grund zur Klage oder wenigstens zur Sorge. Denn die globalisierte Wirtschaft vertieft die Kluft zwischen Reich und Arm.

Auch in unserer Gesellschaft verschärfen sich die sozialen Gegensätze. Die Zukunft scheint vielen Menschen für sich selbst wie für ihre Kinder und Enkel nicht gesichert. Ein Teil von ihnen hat konkrete Abstiegsängste. Obwohl sie eine Ausbildung und einen anständigen Job haben, kommen sie mit dem Einkommen nicht mehr aus. Das zentrale Zukunftsversprechen der sozialen Marktwirtschaft steht heute in Frage, nämlich dass sozialer Aufstieg durch Leistung möglich ist.

Dafür gibt es Gründe. Einer ist in dem Missstand zu sehen, dass bei uns die Herkunft wieder mehr über die Bildungschancen bestimmt. Eine weitere Ursache für die Verunsicherung besteht darin, dass anerkannt gute Leistungen der Arbeitnehmer nicht vor Betriebsschließungen und Arbeitsplatzabbau schützen. Ernst zu nehmende Wissenschaftler behaupten sogar, uns gehe die Arbeit aus. Der Laie staunt, und der Fachmann wundert sich angesichts des Widerspruchs. Da sagen die einen, wir könnten bald wieder Vollbeschäftigung erreichen, und die anderen, es gebe nicht mehr genug Arbeit für alle.

Der Chor der Propheten ist aber noch vielstimmiger: Wir stünden vor einer massiven Deindustrialisierung und würden zu einer reinen Wissens- und Dienstleistungsgesellschaft werden, heißt es beispielsweise. Ebenso kann vernommen werden, dass das »Normalarbeitsverhältnis« der Vergangenheit angehöre, und jedermann und jede Frau müssten sich auf »gebrochene Berufsbiografien« einstellen. Wenn dem so ist, muss sich auch der Sozialstaat darauf einstellen und entsprechend modernisiert werden. Denn solchen Prognosen stehen Erwartungen der Menschen gegenüber, die von ganz anderer Art sind. Wer anständig arbeitet, soll auch von dem Lohn anständig leben können. Leistung soll sich für alle lohnen. Wir brauchen ein bestimmtes Maß an Sicherheit, auf das sich, wie schon gesagt, eine Lebens- und Familienplanung gründen lässt.

Aufgrund dieser neuen Aufgaben haben wir den Begriff vom »vorsorgenden Sozialstaat« geprägt. Im Zentrum eines solchen vorsorgenden Sozialstaats stehen Sicherheit, Teilhabe und Emanzipation. Sicherheit bedeutet Schutz der Menschen vor existenzieller Not, Ausbeutung, Diskriminierung sowie vor elementaren Lebensrisiken wie Arbeitslosigkeit, Krankheit und Pflegebedürftigkeit. Sicherheit schafft überhaupt erst die Voraussetzung für ein selbstbestimmtes Leben.

Zentral für die Teilhabe aller Menschen an der wirtschaftlichen, kulturellen, sozialen und politischen Entwicklung sind gute Bildung, eine existenzsichernde Arbeit, aber auch die gerechte Verteilung des Wohlstands. Die Qualität des Sozialstaats bemisst sich nicht allein an der Höhe von Transferleistungen, sondern vor allem an der Gewährleistung tatsächlicher Lebenschancen, die allen von Anfang an und immer aufs Neue offenstehen müssen.

Zuletzt die Emanzipation. Sie setzt Sicherheit und Teilhabe voraus. Die Menschen wollen ihr eigenes Leben frei und selbstbestimmt gestalten. Dafür muss der Staat die Voraussetzungen liefern, die Rahmenbedingungen schaffen. Eine vorsorgende Sozialpolitik will Sicherheit, Teilhabe und Emanzipation für alle verwirklichen – unabhängig von sozialer Herkunft, Geschlecht, Lebensalter oder einer Behinderung.

Kreativität ist gefragt

Natürlich gebe ich mich keinen Illusionen hin. Ich habe als Ministerpräsident erlebt, was Strukturwandel bedeutet, und weiß, dass die neuen Bedingungen weltweiten Handelns auch an Deutschland nicht spurlos vorbeigehen. Es wird immer wieder Schließungen von Betrieben geben, stets ist damit zu rechnen, dass Produktionsstätten ins Ausland verlagert werden. Wir werden auch in Zukunft erleben, dass Menschen quasi über Nacht ihren Arbeitsplatz verlieren. Und müssen akzeptieren, dass der Erfolg politischer Einflussnahme auf derartige Entscheidungen großer Konzerne nicht garantiert ist. Wer jedoch daraus den Schluss zieht, die Politik sei ohnmächtig und müsse tatenlos zusehen, stellt ihr ein Armutszeugnis aus. Zugleich hat er unrecht mit dieser Feststellung. Die SPD arbeitet an Innovationsstrategien – und setzt sie auch um. Das hat die Regierung Schröder getan, das setzen wir in der Großen Koalition fort. Das wird in jeder Regierung, an der die Sozialdemokraten beteiligt sind, Priorität haben.

Wir fördern gezielt Branchen, die in Zukunft Erfolge haben können – und es gibt schon jetzt Wachstumsraten zu vermelden, die sich positiv auf die Beschäftigtenzahlen auswirken. Das gilt vor allem für die Energie- und Umwelttechnik. Hier liegen die Wachstumsraten bei zehn Prozent. Im Bereich der Solarenergie steigen sie sogar bis zu 50 Prozent. Der Gesundheitssektor, einschließlich der Pharmaindustrie, der Biotechnologie und Medizintechnik, schafft Arbeitsplätze. Logistik und Verkehr sind wahre Jobmotoren. So bietet der Schienenverkehr enorme Entwicklungsmöglichkeiten.

Mit der Entscheidung für die Bahnreform, bei der es mir gelungen ist, die unterschiedlichen Positionen in der Koalition und der eigenen Partei auf einen Kompromiss zu verständigen, haben wir Weichen gestellt. Die Reform schafft langfristige Sicherheit für die Bahnkunden und Beschäftigten und eröffnet konkrete Perspektiven für das

Unternehmen. Das private Kapital wird für die nötigen Zukunftsinvestitionen verwendet, um Bahnhöfe zu sanieren, Lärmschutzwände aufzustellen und um neue Loks und Waggons anzuschaffen.

Gewaltige Investitionen in Stromnetze, in die Verkehrs-, vor allem in die Schienenwege, in die Kommunikationstechnologien, in alternative Kraftstoffe sowie in Antriebstechnologien, die Arbeit schaffen und die Umwelt schützen, sind nötig. Nicht zuletzt wollen wir der Kreativwirtschaft mit materieller Förderung und politischer Flankierung helfen, also Buch- und Zeitschriftenverlagen, aber auch der Musik- und Filmindustrie. Dabei liegen uns vor allem die Interessen der Künstler am Herzen. Diesem Bereich und dem der digitalen Medien, der Softwareentwicklung sowie der Werbung und des Design werden schon heute 218 000 steuerpflichtige Unternehmen mit 900 000 Beschäftigten zugerechnet – mehr als in der Chemieindustrie oder im Energiesektor. Abgesehen davon wächst der Bedarf an Dienstleistungen. Da waren die Prognosen richtig gewesen.

Es ist also blanker Unsinn, dass uns die Arbeit ausgehen würde. Unsinn ist es auch, auf die klassische Industrie verzichten zu wollen. Selbstverständlich gibt es Risiken: Der Umbau der Industriegesellschaft geht schnell voran. Konjunkturzyklen scheinen kürzer zu werden, von den Finanzmärkten und ihren immer neuen Produkten drohen Gefahren. All dies darf aber kein verharrendes Denken hervorrufen, sondern verlangt nach neuen kreativen Ideen, die neue Sicherheit schaffen.

An dieser Stelle seien noch einige Sätze zur Energiepolitik insgesamt gesagt. Schließlich spielt die soziale Gerechtigkeit auch auf diesem Feld eine Rolle: An der Tankstelle und spätestens beim Blick auf die jährliche Heizkostenabrechnung sieht jeder, dass wir mit den Energiekosten erhebliche Probleme haben. Eine weltweit gesteigerte Nachfrage und aktuell auch eine unverantwortliche Spekulation auf schnelle Gewinne treiben die Preise in lange Zeit unvorstellbare Höhen. Gleichzeitig wird die Angst vor Energielücken regelrecht geschürt. Wir müssen aus diesen Gründen sowohl für ausreichende als auch für ökologisch verantwortliche Energie sorgen. Deshalb halte ich die Kernenergie für einen gefährlichen Umweg.

Tatsächlich würde es weder Versorgungssicherheit noch umweltverträgliche Energieerzeugung geben, wenn wir nicht politisch Vorsorge getroffen hätten und weiter treffen würden. Im Jahr 2007 haben der Produktionsausfall durch unsichere Atomkraftwerke und der deutsche Stromexport zusammen eine größere Strommenge ausgemacht, als im Zuge des Atomausstiegs an Kapazität abgebaut werden wird. Das heißt, wir werden am Atomausstieg festhalten können und müssen keineswegs Engpässe befürchten.

Zusätzliche Vorsorge ist längst getroffen: Erneuerbare Energien, Kraft-Wärme-Kopplung, Effizienzgewinne im Stromverbrauch und bei der -erzeugung werden den bis 2020 vereinbarten Abbau von Atomkraft deutlich überkompensieren. Für die absehbare Zukunft ist es darüber hinaus vernünftig, auch auf fossile Kraftwerke zu setzen, besonders auf Kohle. Öl und Gas werden uns schneller ausgehen als die Kohle – und sie werden tendenziell noch teurer werden. Die geringsten Vorräte haben wir übrigens beim Uran.

Kohlekraftwerke gelten als besonders »schmutzig«. Dabei wird jedoch übersehen: Für jedes neue Kohlekraftwerk muss ein altes stillgelegt werden, jedes neue setzt aber auch deutlich weniger Emissionen frei als die alten.

Unsere ehrgeizigen Klimaschutzziele gelten und werden gerade durch den Bau von neuen Anlagen – zusammen mit den genannten alternativen und dezentralen Energiequellen – erst möglich. Mit Hochdruck wird in Deutschland an der CO_2-Abscheidetechnik gearbeitet, ein Kraftwerk zur Erprobung und Entwicklung dieser Technologie läuft mittlerweile in Brandenburg, in Jänschwalde.

Wir sind weltweit führend bei regenerativen Energien und Energiespartechniken. Weiterhin müssen wir die Stromnetze erneuern, um sie sicher zu machen und auf die dezentrale Versorgung umzustellen. Geförderte Energiemanagement-Programme realisieren schon jetzt gewaltige Einsparungen beim Stromverbrauch. Wir setzen also nicht in erster Linie auf große, sondern auf dezentrale Anlagen. Diesen Weg müssen wir weitergehen. Eine fundamentalistische Umweltpolitik, bei der sich irgendwann die Hälfte der Bevölkerung keinen Strom mehr leisten könnte, kommt für die SPD ebenso wenig in Frage wie ein Raubbau an der Natur.

Kampf für »gute Arbeit«

Die SPD verfügt bei all diesen Problemen über die erforderliche Kreativität, auch wenn das im Lauf des Jahres 2008 in den Hintergrund getreten ist. Manchen waren Personaldebatten wichtiger. Darum ist bedauerlicherweise viel zu wenig beachtet worden, dass wir Sozialdemokraten die Arbeitsmarktpolitik erneuern. Das wichtigste Zukunftsprojekt dabei ist die Weiterentwicklung der Arbeitslosenversicherung zur Arbeitsversicherung. Versichert wäre danach nicht nur die Arbeitslosigkeit einschließlich des Anspruchs auf hochwertige Vermittlungsleistungen, sondern auch die Qualifizierung, die nicht erst bei Arbeitslosigkeit, sondern schon vorbeugend und während der Beschäftigung in einem Beruf möglich werden soll. Wenn man nicht mehr von der Sicherheit ausgehen kann, bei ein und demselben Arbeitgeber ein Leben lang zu bleiben, ist man auf diese Weise jedoch auf Arbeitsplatzwechsel gut vorbereitet. Man hat jedenfalls die Gewissheit, im härter werdenden Wettbewerb konkurrenzfähig zu sein.

Ich erlebe mehr Menschen, die Wert darauf legen, durch Arbeit ihr Geld zu verdienen, als solche, die gern von Transferleistungen leben. Wir unterschätzen die Mehrheit der deutschen Bevölkerung, wenn wir davon ausgehen, dass sie am liebsten mit möglichst wenig Aufwand möglichst viel Ertrag einfahren möchte. Nicht von ungefähr haben die Deutschen im Ausland den Ruf, ein strebsames Volk zu sein. Die Menschen identifizieren sich vielfach über ihre Erwerbstätigkeit. Deshalb muss man ihnen alle Chancen geben, mit der Entwicklung dieser Schritt zu halten. Vor allem aber ist für die SPD eines klar: Wir bleiben auch in Zukunft eine Industriegesellschaft, selbst wenn neue Industrien traditionelle ablösen und wenn moderne Arbeitsbedingungen andere sind als die gewohnten.

Mit modernen und flexiblen Berufsgrundlagen wird es auch moderne Möglichkeiten für gute Arbeit geben. Das ist Arbeit, die sich mit den Lebensphasen wandelt: In der Zeit, in der Menschen Familien gründen, können Beruf und Familie miteinander vereinbar sein. In einem höheren Alter kann die Tätigkeit an die individuelle Leistungsfähigkeit angepasst werden, ohne dass man – obwohl noch leistungsfähig und -willig – vom Berufsleben ausgeschlossen wird. Zur Humanisierung der Erwerbswelt gehört, dass Arbeit nicht krank macht und man nicht trotz Arbeit verarmt.

In einem an Rohstoffen armen Land kommt es umso mehr auf Wissen, Erfahrung und Zuverlässigkeit aller an, die im Berufsleben stehen. Wir würden unsere Chancen verpassen, wenn wir uns einem Billiglohnwettbewerb aussetzen würden. Schnell würden wir an die Grenzen stoßen, die die Länder mit niedrigerem Lebensstandard setzen, weil sie stets die billigsten Löhne anbieten können. Besser, klüger, innovativer müssen wir sein – und bleiben. Deswegen gehören Bildung und Sicherheit zwingend zu einer Erfolg versprechenden Wachstumsstrategie.

Die Prognose, dass zukünftig häufigere Aufgaben- und Arbeitsplatzwechsel typisch für die Arbeitsgesellschaft werden, verlangt weitere Folgerungen, mit denen wir uns deutlich von anderen Parteien unterscheiden: Wir brauchen für diese Arbeitswelt erst recht starke Gewerkschaften und Betriebsräte, eher mehr als weniger Mitbestimmung und wirksamen Kündigungsschutz. Ich bin froh, dass es mir in meiner Zeit als SPD-Vorsitzender gelungen ist, das Verhältnis der Sozialdemokraten zu den Gewerkschaften wieder zur Normalität zu führen. Denn die historisch gewachsene enge Verbindung von Arbeiterpartei und Arbeiterbewegung hat noch heute ihren Sinn. Bei aller Kritik wissen Gewerkschaften, dass wir eine gute Wirtschaftspolitik benötigen. Die von alten Parolen und Populismus geleitete Linke ist wirtschaftspolitisch inkompetent. Ihr Versuch, die Gewerkschaften für ihre Zwecke zu missbrauchen, ist auch deshalb zum Scheitern verurteilt.

Ich hoffe, meine Gespräche mit Michael Sommer, dem DGB-Vorsitzenden, mit Hubertus Schmoldt von der IG Bergbau, Chemie, Energie und ebenso mit Berthold Huber von der IG Metall haben geholfen, dass Sozialdemokraten und Gewerkschafter sich in Zukunft nicht mehr auseinanderdividieren lassen. Beide haben verschiedene Aufgaben zu erfüllen – und entsprechend oft abweichende Auffassungen. Aber gemeinsam müssen wir daran arbeiten, dass es in der Berufswelt gerecht zugeht und die Menschen nicht trotz Erwerbstätigkeit verarmen.

Darum geht es schließlich auch bei unserer Forderung nach einem flächendeckenden gesetzlichen Mindestlohn. Gute Arbeit bedeutet ebenfalls: Leiharbeit darf nicht für Lohndumping oder Tarifflucht missbraucht werden, sondern muss auf die Bewältigung von Auftragsspitzen beschränkt sein und als Brücke zum regulären Arbeitsmarkt dienen. Menschenunwürdige, diskriminierende Löhne darf es nicht mehr geben. Weil die Tarifpartner das nicht allein schaffen – es gibt längst Bereiche, ganze Regionen, in denen Betriebe dem Arbeitgeberverband angehören –, ist am Ende ein gesetzlicher Mindestlohn nötig, der über alle Branchen hinweg einen Stundensatz von 7,50 Euro vorsieht. Mindestlöhne für alle Berufe werden wir in der aktuellen Regierungskoalition nicht durchsetzen. Für die Union ist es schlimm genug, dass sie Mindestlöhne in Teilbereichen ermöglichen muss. Allein das ist ein wichtiger Grund, warum wir wieder den Kanzler stellen müssen.

Jedes Kind muss gleich viel wert sein

Ein anderer Grund ist der, für mehr Gerechtigkeit für die heute junge Generation zu sorgen. Es gelingt nur, sozialen Aufstieg zu fördern, wenn wir bereits bei den Kindern beginnen. Kinderarmut ist für die SPD unerträglich. Sie bedeutet nicht nur Armut an materiellen Gütern, sondern auch Armut an Bildungschancen, an Perspektiven, an Wahlmöglichkeiten, an sozialen Kontakten, Armut an Gesundheit. Wir haben deshalb einen Aktionsplan formuliert, der verschiedene Ebenen in Verantwortung nimmt, um diesem Missstand entgegenzuwirken: In den Kommunen, in denen die SPD Verantwortung trägt, soll den Kindern in Schulen und Kindertagesstätten ein gesundes Mittagessen zu sozialen Preisen angeboten werden. SPD-geführte Länder werden den Ausbau der Ganztagsbetreuung konsequent weiterverfolgen. Außerdem setzen wir uns intensiv dafür ein, dass die Bildungsschere nicht noch mehr auseinandergeht, dass auch den Kindern aus den sogenannten bildungsfernen Schichten solides Lernen ermöglicht wird. Deshalb brauchen auch Schulabbrecher eine zweite Chance und spezielle Förderung. Das Gleiche gilt für Kinder aus Migrantenfamilien, die Schwierigkeiten mit der deutschen Sprache haben.

Ein durchlässiges und von Chancengleichheit getragenes Bildungssystem setzt natürlich auch voraus, dass Bildung gebührenfrei bleibt – vom Kindergarten bis zur Hochschule. Studiengebühren für das Erststudium lehnt die SPD ab. Jedes Kind muss dem Staat gleich viel wert sein. Deshalb kann es nicht angehen, dass über den Weg der Steuerentlastung Kinder wohlhabender Eltern durch den Staat finanziell mehr gefördert werden als solche aus Familien mit geringeren Einkommen. Wir wollen darum Kindergeld und freibeträge so gestalten, dass Geringverdiener nicht länger benachteiligt werden.

Nur Reiche können den armen Staat verkraften

Alle Pläne für eine lebenswerte Zukunft in Deutschland lassen sich nur über solide Finanzen umsetzen. Wir dürfen unseren Kindern und Enkeln nicht diesen Schuldenberg hinterlassen. Schon jetzt stellen die zu zahlenden

Zinsen den zweithöchsten Ausgabenposten des Bundes dar. Deshalb halten wir Sozialdemokraten an der Haushaltskonsolidierung fest. Was für jeden Privatmann gilt, der nicht mehr ausgeben als einnehmen kann, wenn er nicht in Schwierigkeiten geraten will, das gilt auch für den Staat: Die finanziellen Belastungen müssen handhabbar bleiben. Wer über seine Verhältnisse lebt, bekommt früher oder später die Quittung. Deshalb müssen wir gegensteuern.

Wir Sozialdemokraten tun das, seitdem wir vor zehn Jahren die Regierungsgeschäfte übernommen haben. Eine Billion Euro Schulden allein beim Bund sind aber eine gewaltige Hypothek. Daran werden die folgenden Generationen noch schwer zu arbeiten haben. Derzeit allerdings bietet sich für uns die historische Chance, 2011 einen Haushalt vorzulegen, der ohne neue Schulden auskommt – und das zum ersten Mal seit vierzig Jahren.

Haushaltskonsolidierung hat für mich Priorität. Deshalb hielt ich es auch für unverantwortlich, als im Sommer 2008 bei der CSU der Ruf nach Steuersenkungen oder der Wiedereinführung der Pendlerpauschale laut wurde, nachdem die konjunkturelle Entwicklung zu Mehreinnahmen in der Kasse des Finanzministers geführt hatte. Das war reiner Populismus im Vorfeld der bayerischen Landtagswahl und im Hinblick auf die Zukunftsfähigkeit des Landes unverantwortlich. Man muss wissen, dass die CSU am vehementesten für die Abschaffung dieser Leistung eingetreten war, und nicht zuletzt ich selbst hatte den Vorschlag gemacht, wenigstens die Fernpendler zu verschonen. Es wäre allerdings unsinnig gewesen, eine neue Regelung zu schaffen, bevor das Bundesverfassungsgericht in Karlsruhe dazu sein Urteil gesprochen hat. Sobald dieses vorliegt, womit frühestens zum Ende des Jahres 2008 zu rechnen ist, kann eine dauerhafte Lösung beschlossen werden – und die SPD wird tun, was immer finanzierbar ist.

Es ist immer populär, den Menschen Steuersenkungen zu versprechen. Mit Gerechtigkeit hat das aber nichts zu tun, und eine niedrigere Steuerquote stellt keinen Wert an sich dar. Deutschland hat schon jetzt eine der niedrigsten Steuerquoten unter den Industrienationen. Würde man sie noch weiter absenken, bestünde die Gefahr, dass der Staat seine Aufgaben für die Bevölkerung nicht mehr hinreichend wahrnehmen könnte. Und es sind gerade die Menschen mit unterem und mittlerem Einkommen, die auf gute staatliche Leistungen – etwa bei der Bildung, dem Gesundheitswesen oder der inneren Sicherheit – angewiesen sind. Nur Reiche können sich einen armen Staat leisten. Eine Senkung der Sozialabgaben hat deshalb für uns Vorrang vor weiteren Steuersenkungen.

Zwischen 1989 und 1998, also während der Amtszeit von Helmut Kohl, stiegen die Sozialabgaben von knapp 36 auf 42 Prozent. Wir haben es geschafft, dass sie nun wieder auf 39 Prozent abgesenkt werden konnten. Doch es muss noch mehr geschehen. Unser Ziel ist es, im Lauf des nächsten Jahrzehnts wieder unter 36 Prozent zu kommen, ohne dabei das Leistungsniveau der sozialen Sicherungssysteme abzusenken. Wir wollen damit vor allem niedrige und mittlere Einkommen entlasten. Allerdings reduzieren wir auf diesem Weg auch die Belastungen der Arbeitgeber mit vielen Beschäftigten – und schaffen somit wieder Freiraum für neue Arbeitsplätze.

Den Zukunftsentwurf einer solidarischen, gerechten und leistungsfähigen Gesellschaft fasse ich so zusammen: Es ist eine Arbeitsgesellschaft, die über klassische wie moderne Industrien verfügt, die alle Chancen auf ein nachhaltiges, ökologisch verantwortliches Wachstum nutzt und in der sich Leistung wieder lohnt. Das soziale und erfolgreiche Deutschland wird soziale Sicherheit, verlässliche und bezahlbare Energie, gerechtere Verteilung von Einkommen und Aufstiegschancen bieten. Zweifellos können wir die bisher besten Zeiten der sechziger und siebziger Jahre, als Willy Brandt und Helmut Schmidt regierten, nicht wiederherstellen. Aber wir haben eine Perspektive, Wohlstand und Gerechtigkeit, individuelle Freiheit und Sicherheit auch unter den veränderten Bedingungen mit neuen Mitteln zu erreichen. Es geht um eine menschliche Gesellschaft, die Arbeit respektiert, unterschiedliche Lebensentwürfe ermöglicht und unsere Grundbedürfnisse nach Verwurzelung, Geborgenheit und Mitmenschlichkeit nicht dem goldenen Kalb des grenzenlosen Wettbewerbs und der grenzenlosen Profitgier opfert.

Dies ist die Grundidee, die ich in meiner politischen Arbeit verfolge. Die Leidenschaft, nah bei den Menschen zu sein, ihre Sorgen und Hoffnungen ernst zu nehmen und in dem Wissen darum die öffentlichen Angelegenheiten zu beeinflussen, ist eine typisch sozialdemokratische Leidenschaft. Wenn die Menschen das bei uns spüren, sehe ich der Zukunft der SPD und damit der des Landes optimistisch entgegen. Unser politischer Gesellschaftsentwurf bietet – vor dem Hintergrund unserer Leistungen seit 1998 – allen Grund zu neuem Optimismus für unser Land und die Menschen, die hier leben.

12 EIN SCHLAGKRÄFTIGES TEAM

Starke Leute an der Seite

Im Jahr 2007 baute ich die Parteispitze um, weil ich es für wichtig hielt, dass sie sich als schlagkräftiges Team darstellt. Als ich 2006 gewählt wurde, hatte ich mit Jens Bullerjahn, Bärbel Dieckmann, Elke Ferner, Ute Vogt und Peer Steinbrück eine Mannschaft, die gute Arbeit leistete. Doch wusste ich aus den eigenen Erfahrungen als stellvertretender Vorsitzender, dass das Wirkungsfeld als einer von fünfen begrenzt ist, wenn man seine Autorität nicht von einer anderen Position her ableiten kann. Es war ein enormer Akt, denen, die ich nicht wieder für dieses Amt vorschlagen wollte, zu erklären, dass ich etwas Neues vorhatte. Sie haben das allerdings sehr nobel aufgenommen und mir keine Steine in den Weg gelegt. Ich wollte dieses Zeichen setzen, damit die Stellvertreter und die personelle Vielfalt der SPD hinreichend wahrgenommen werden.

Im Übrigen wollte ich die Kraftzentren der Partei an meiner Seite wissen. Ich habe immer versucht, die besten Leute in mein direktes Umfeld zu holen. Nie bin ich nach dem Prinzip verfahren, mich mit schwächeren Leuten zu umgeben, um in umso hellerem Licht zu erscheinen. Das habe ich als Bürgermeister nicht getan und als Ministerpräsident erst recht nicht. Also kam es mir an der SPD-Spitze ebenfalls nicht in den Sinn. Ich habe diese Entscheidung auch nie bereut und würde heute wieder so verfahren.

Jeder der von mir bestellten »Vize« – Andrea Nahles, Frank-Walter Steinmeier, Peer Steinbrück – steht für einen Teil der Partei. Auch das sprach für ihre Wahl. Andererseits lud es zu Spekulationen ein, wenn wir einmal verschiedener Auffassung waren. Leider ist genau das des Öfteren passiert. Ich weiß jedoch nicht, ob die Differenzen nicht teilweise größer gewesen wären, wenn es die Verbundenheit über die Parteiführung nicht gegeben hätte. Schließlich wäre die Verpflichtung zur Loyalität weitaus schwächer ausgefallen, wenn man nicht zur unmittelbaren Parteiführung gehört hätte und in der einen oder anderen Streitfrage allein aus der Sicht des Fachpolitikers oder aus der persönlichen Perspektive heraus hätte argumentieren können. Insofern war meine Entscheidung richtig. Dass wir in der SPD-Spitze eine Projektionsfläche für allerlei spannende Fragen waren, hing natürlich auch mit den Persönlichkeiten zusammen. Doch die Verschiedenheit der Charaktere wie der politischen Profile machte gerade die Stärke dieser Parteiführung aus.

Peer Steinbrück – ein Hamburger mit Kanten

Peer Steinbrück und ich sind beispielsweise so unterschiedlich, wie Hamburger und Südpfälzer nun einmal unterschiedlich sind. Wir haben ganz andere Lebenswege und sicher auch eine völlig voneinander abweichende Herangehensweise an die Lösung von Problemen. Genau darin lag ein großes Vermögen, wenn es uns gelungen wäre, das vernünftig zu koordinieren. In Sachfragen klappte das auch, und zwar auf der Grundlage unserer Hamburger Beschlüsse, an denen ich nicht deuteln lasse.

Ich empfinde es als viel angenehmer als manch anderer,

mit Peer Steinbrück zu diskutieren und mich mit ihm auseinanderzusetzen. Wer klare Kanten hat, an dem stößt man sich manchmal, aber man weiß auch, woran man ist. Während meiner Zeit als Vorsitzender war es ein nüchternes, aber durchaus in weiten Bereichen erträgliches Zusammenarbeiten. Ich schätze durchaus, wenn man mit jemandem ein offenes Wort reden kann. Das gilt nicht für alle Büchsenspanner, die sich da auf den Berliner Fluren umtun.

In der Vorbereitung des Hamburger Parteitags waren Peer Steinbrück und ich in einigen Fragen – etwa der Verlängerung des Arbeitslosengeldes I – nicht der gleichen Meinung. Eine Rivalität hat es aber von mir aus nicht gegeben. Mein Wahlergebnis – 95,1 Prozent der Delegierten wählten mich – hatte meine Entscheidung eindrucksvoll bestätigt. Das wäre nicht möglich gewesen, wenn die Partei in Grundfragen anderer Ansicht gewesen wäre.

Mir lag sehr viel daran, dass Peer Steinbrück als starker Stellvertreter in der Führungsmannschaft mitarbeitet, deshalb sollte er auf dem Parteitag ein gutes Wahlergebnis bekommen. Nicht so wie Wolfgang Clement 2003 auf dem Parteitag in Bochum. Dort hatten die Delegierten an ihm als Wirtschaftsminister und an Olaf Scholz als damaligem Generalsekretär ihre Unzufriedenheit ausgelassen. Meine Leute und ich haben aus diesem Grund im Vorfeld der Wahlen in den Landesverbänden für Peer Steinbrück geworben. Wenn man jemand in sein Führungsteam holt, der mit seinen Formulierungen schon manchen in der Partei aufgebracht hat, darf man ihn nicht allein lassen, sondern muss ihn unterstützen. Das ist gelungen. Wie wir insgesamt die Aufstellung sehr ordentlich zuwege gebracht haben: Peer Steinbrück erhielt 75,4 Prozent, das Resultat von Andrea Nahles fiel mit 74,8 Prozent ebenfalls gut aus, und dass Frank-Walter Steinmeier die meisten Stimmen bei der Stellvertreter-Wahl bekommen hat (85 Prozent), war zu erwarten gewesen.

Ich werde hin und wieder gefragt, ob ich meine Bemühungen um eine starke Spitze honoriert sehe. Schließlich hätte ich meine Position doch ausbauen können, wenn eine größere Distanz zu den Stellvertretern entstanden wäre. So ist das Denken, das in der Bundespolitik dominiert. Das ist aber nicht meines. Das gehört zu den Krebsübeln der Politik in Berlin: Man holt sich einen guten Mann oder eine gute Frau und schwächt ihn oder sie sogleich. Dabei wird gern über Banden gespielt. Das ist weder meine Welt noch mein Politikstil. Zumindest in der eigenen Partei müssen wir es schaffen, dass jeder sein Gesicht wahren kann und jedem gewisse Freiräume ermöglicht werden. Nur so kann fruchtbare Arbeit erwachsen.

Keinesfalls will ich mich hier als Moralapostel aufführen. Es ist manchmal notwendig, Härte zu haben. Doch sollte die sich in direkten, sachlichen Auseinandersetzungen zeigen und nicht in der Form, dass man vorn miteinander gut Freund tut und nach hinten tritt. Diese Einstellung werde ich nicht aufgeben. Gerade in der Politik sind Anstand und Offenheit nötig.

Franz Müntefering – nicht immer auf einer Linie mit mir

Die Verlängerung des Arbeitslosengeldes I war für mich eine Sachfrage, eine unabweisbare Rücksicht auf die Gewissheit, dass hier Selbstwertgefühl und Gerechtigkeitsempfinden anständiger Menschen auf dem Spiel standen.

Franz Müntefering sah darin eine Grundsatzfrage. So fanden wir uns also auf dem Parteitag in Hamburg als Kontrahenten wieder.

Unser Verhältnis ist natürlich nicht unproblematisch. Ich hoffe, mit einigem Abstand zu den inhaltlichen Auseinandersetzungen gelingt ein funktionierendes Nebeneinander, eine Konstellation, die dem Erfolg der Partei nutzt. Unser Politikstil, die Art, Machtfragen zu klären, sind schwer vereinbar.

In der Zeit, als Franz Müntefering Vizekanzler war und ich die Partei führte, resultierten gewisse Schwierigkeiten daher, dass er sehr darauf bedacht war, sich in der Bandbreite des Koalitionsvertrags zu bewegen. Es war schwierig, mit ihm Perspektiven zu erarbeiten, die darüber hinausreichten. In einem hat er recht: »Opposition ist Mist.«

Franz Müntefering saß lange Jahre im Bundestag auf den Oppositionsbänken, hatte während der Regierungszeit von Gerhard Schröder an unterschiedlichen Stellen Verantwortung zu tragen und 2005 das Wechselbad zwischen Regierungserhalt und drohendem Machtverlust hautnah mitgestaltet. Vor diesem Hintergrund ist die im Ergebnis sozialdemokratische Politik der Großen Koalition wertvoll. Dass man Verträge einhält, dass die Koalition nicht von den Sozialdemokraten in Frage gestellt wird, dass die Bevölkerung einen Bruch der Koalition nicht honorieren würde, darin sind wir uns durchaus einig. Die Wähler wünschen – zu Recht –, dass die übertragene Verantwortung auch wahrgenommen wird. Neben der konkreten Regierungsarbeit muss eine Partei aber auch über den Tellerrand einer Wahlperiode hinausdenken. Das ist nicht immer einfach zu vermitteln, da jede langfristig angestellte Überlegung in der öffentlichen Wahrnehmung schnell auf das Hier und Heute bezogen wird und damit aktuell Irritationen oder gar Konflikte hervorrufen kann. Trotzdem muss ein Parteivorsitzender den Blick nach vorn wagen.

Als SPD-Vorsitzender bemühte ich mich um ein eigenständigeres Profil der Sozialdemokraten. Man muss zeigen, dass man in der Lage ist, einen Schritt weiter zu gehen, als es eine Große Koalition zulässt. An diesem Punkt gingen die Meinungen von mir und Franz Müntefering auseinander. Perspektiven, die über die Zeit der Großen Koalition hinausreichen, hielt er zum damaligen Zeitpunkt nicht für angemessen. Oder er fand es besser, nicht darüber zu reden.

Vor dem Parteitag in Hamburg im Herbst 2007 musste ich mir eingestehen, dass wir nicht auf eine Linie kommen würden, obwohl wir uns in vielen inhaltlichen Festlegungen weitgehend einig waren. Immerhin hatten wir in Mainz zu Beratungen zusammengesessen und für den Parteitag ein Neun-Punkte-Papier erarbeitet. Letztlich ging es um zwei Detailfragen, in denen wir nicht übereinstimmten: Das war zum einen das Arbeitslosengeld für Ältere und zum anderen der Übergang vom Erwerbsleben in die Rente. Das Ergebnis ist bekannt.

Franz Münteferings Rücktritt als Minister und Vizekanzler hatte mit alledem nichts zu tun. Im Gegenteil: Er hatte dem Parteitag zugerufen, mit ihm sei weiter zu rechnen. Kurz danach verschlimmerte sich die Krankheit seiner Frau, und Franz Müntefering hat sich dafür entschieden, bis zu ihrem frühen Tod im Juli 2008 an ihrer Seite zu sein.

Seit dem Hamburger Parteitag arbeiteten wir an der Fortentwicklung der Reformpolitik, wobei die Zuspitzung, ich betriebe eine Abkehr davon oder gar einen

Linksruck, während Müntefering und andere den Agenda-Kurs halten wollten, völlig überzogen ist. Der immer wieder beschriebene Gegensatz zwischen dem einen Teil der Partei, der an der Agenda 2010 und der Schröder'schen Reformpolitik festhalten will, und meiner Person einschließlich des vermeintlich linken Flügels, der sich auf die Linke hinbewegen will, ist von gleicher Genauigkeit und Feinheit wie der Versuch, eine Madonna mit der Axt zu schnitzen. Dabei kann doch nur Grobes herauskommen.

Ich habe Gerhard Schröder unterstützt, weil ich den Agenda-Prozess stets als zwingend angesehen habe. Dass ich allerdings auch Brücken bauen will zu denen, die bei diesem Reformprozess auf der Strecke zu bleiben drohen, das habe ich schon zu verstehen gegeben, als ich noch nicht Parteivorsitzender war. Das betrifft aber nicht die Substanz dieser breit angelegten Reformagenda. Unsere Politik muss den Menschen dienen, darf sie nicht verletzen. Wo dies geschehen ist, muss man neue Brücken bauen. Genau das gehört zwingend dazu. Und da behaupte ich, dass ich näher an der Realität des Lebens bin, als es manch anderer ist, sodass ich das sehr genau beurteilen kann. Das ist kein Vorwurf an wen auch immer, das sind Erfahrungen und daraus abgeleitete politische Positionen.

Frank-Walter Steinmeier – der richtige Kandidat

Die unbestritten schwierigen Monate vor dem Hamburger Parteitag gingen zu einem erheblichen Teil auf den Agenda-Prozess zurück. Natürlich spiegelten sich die dazu vorhandenen Unterschiede auch in der Parteiführung wider. Dass es so kommen würde, war mir bewusst, als ich Andrea Nahles, Peer Steinbrück und Frank-Walter Steinmeier gefragt habe, ob sie die Aufgabe der Stellvertreter übernehmen würden. Ich wollte sie am Tisch haben und versuchen, mit ihnen gemeinsam das Problem aufzuarbeiten. Wenn nun jemand wie Frank-Walter Steinmeier, der maßgeblich an der Agenda mitgewirkt hat, anders argumentiert als jemand, der vor fünf Jahren ganz dagegen war, halte ich das nicht nur für menschlich, sondern auch für politisch nachvollziehbar. Mit dem Parteitag in Hamburg ist jedoch die Frage entschieden worden, in welche Richtung es weitergehen soll: Das Grundsatzprogramm und der Beschluss »Das soziale Deutschland« stehen für unsere gesamte Regierungspolitik und ihre Erfolge; nun blicken wir nach vorn.

Dass Hamburg gilt, darüber gab es bis zuletzt keine erkennbaren Konflikte zwischen Frank-Walter Steinmeier und mir. Ich habe ihn bereits kennengelernt, als er als Chef der Staatskanzlei in Hannover amtierte. Ich war zu dieser Zeit zunächst Fraktionsvorsitzender in Mainz, später Ministerpräsident. Als er nach Berlin wechselte, habe ich mit wenigen Leuten im Kanzleramt so gern zu tun gehabt wie mit ihm. Auch als er die Runde der SPD-geführten Länder koordinierte, machte er geräuschlos und effizient seinen Job. Er ist sicher ein sehr vorsichtiger Mensch, was seine Formulierungen und seine Art zu arbeiten angeht. Das schätze ich allerdings auch an ihm.

Ich halte die immer wieder auftauchende Beschreibung, er sei von seinem Denken her ein höherer Beamter, für absoluten Blödsinn. Dass er sich – anders als ich – nicht schon früh in der Partei engagiert hat, ist doch keine Frage der Überzeugung, sondern des Lebensweges. Frank-Walter Steinmeier passte in diese Parteiführung absolut hinein. Abgesehen davon, dass wir auch persönlich einen guten Draht zueinander hatten.

Andrea Nahles – eine hoch politische Frau

Manche innerhalb und außerhalb der SPD ziehen gern das Sündenregister der Andrea Nahles. Sie gehört zu denen, die 1995 auf dem Mannheimer Parteitag Stimmung gegen Scharping und für Lafontaine machten. Sie kritisierte lauthals Schröders Agenda-Politik. Und wegen ihrer erfolgreichen Kandidatur als Generalsekretärin hat Franz Müntefering den Parteivorsitz niedergelegt. Ich kann dazu nur sagen: Menschen ändern sich. In der SPD darf man anderer Meinung sein als die Parteiführung.

Geärgert habe ich mich sehr über die Art und Weise, wie Andrea Nahles an dem Putsch gegen Scharping mitgewirkt hat. Die Freudentänze, die das Lafontaine-Lager in Mannheim aufführte, waren schlicht geschmacklos. Einen Menschen zu demütigen, ist mir zutiefst zuwider, nichts anderes ist Rudolf Scharping dort widerfahren. Das habe ich Andrea Nahles auch deutlich gesagt. Heute spielt das für mich keine Rolle mehr, denn sie gehört bei uns in Rheinland-Pfalz seit Jahren zu den führenden Köpfen der Partei. Wir haben konstruktiv zusammengearbeitet, und ich schätze sie als eine hoch politische und klug handelnde Frau, die hilft, die Partei beieinanderzuhalten.

Deshalb habe ich sie weiter im Auge behalten, als sie 2002 nicht in den Bundestag kam. Mir war wichtig, dass sie nicht komplett aus der politischen Arbeit ausscherte. Das hätte ich für einen Verlust gehalten. Es gibt nicht viele Menschen, die wie sie mit schlafwandlerischer Sicherheit wissen, was aus sozialdemokratischer Sicht in der Politik notwendig ist.

Aus dieser Motivation heraus habe ich sie 2007 gefragt, ob sie stellvertretende Parteivorsitzende werden wollte. Das ging, ganz klar, nur in der Kombination mit

Frank-Walter Steinmeier und Peer Steinbrück. Aber wegen der Ausgewogenheit konnte die Wahl nur auf sie fallen: Sie ist sicher die stärkste Persönlichkeit auf der linken Seite der Partei.

Andrea Nahles und ich gehen sehr unkompliziert miteinander um und tauschen uns häufig aus. Ich weiß, dass sie aus dem Fehler, der zum Rücktritt Franz Münteferings vom Parteivorsitz führte, gelernt hat. Deshalb kann ich mir nicht vorstellen, dass sie nochmals in ähnlicher Weise agieren würde. Ich bin mit Andrea Nahles nicht immer einer Meinung. Inhaltliche Differenzen respekt- und vertrauensvoll auszutragen, ist aber besser als Rivalität, trotz weitgehender Übereinstimmung in Sachfragen.

Wenn es an der einen oder anderen Stelle in der Parteiführung Meinungsverschiedenheiten gab, musste man sie aushalten. Das galt besonders für mich als Vorsitzenden. Ich bin sicher, die Bevölkerung hat keine Schwierigkeiten damit, wenn wir um Inhalte ringen, selbst wenn es dabei leidenschaftlich zugeht. Was unsere Basis allerdings nicht mag und was bei unseren Anhängern zu Unzufriedenheit führt, ist die Beschäftigung mit uns selbst in dem Sinn, wer was werden oder bleiben soll. Davon haben wir zu lange zu viel geboten. Dass ich das nicht abstellen konnte, ist ein wichtiger Grund für meinen Verzicht auf den Parteivorsitz.

Als ich in einem Interview für das *Magazin* der *Süddeutschen Zeitung* im Frühjahr 2008 gefragt wurde, ob es heutzutage schwerer sei, die Partei zusammenzuhalten als früher, habe ich gesagt, die Verlockung sei groß, die Frage mit einem Ja zu beantworten. Doch das stimmt nicht. Der Kampf in der Partei um die neue Ostpolitik von Willy Brandt war damals auch hart. Die Vertriebenenverbände, die sich bis dahin der SPD verbunden gefühlt hatten, wandten sich von ihr ab, Abgeordnete verließen Fraktion und Partei. Oder man denke nur an den Konflikt über die Nachrüstung. Das war bestimmt kein Zuckerschlecken. Nein, die SPD war immer eine ausgesprochen diskussionsfreudige und streitlustige Partei. Hinzu kommt, dass sie stets sehr genau beobachtet, ob die Spitze die einmal beschlossenen Programme auch umsetzt. Das gilt vor allem, wenn die Partei an der Regierung beteiligt ist. Damit muss letztlich jeder umgehen können, der sich für dieses Amt entscheidet.

Wenn man im Willy-Brandt-Haus in Berlin in den großen Sitzungssaal geht, kommt man an einer Nachbildung unserer Traditionsfahne vorbei. »Einigkeit macht stark« steht darauf. Dieser Gedanke ist in der SPD eine Zeit lang in den Hintergrund gerückt. Meinungsverschiedenheiten sind normal und müssen ausgetragen werden. Sie dürfen aber nicht dazu führen, dass man sich auseinanderdividieren lässt und Personaldebatten alle Inhalte überlagern.

Seit dem Frühjahr 2008 deutete sich ein Stimmungswandel an. Indem es uns beispielsweise gelungen ist, in vergleichsweise kurzer Zeit das Steuer- und Abgabenkonzept flügelübergreifend und zusammen mit den Landesverbänden zu formulieren, haben wir bewiesen: Die SPD ist zu guter inhaltlicher Arbeit in der Lage und kann dem Land und seinen Bürgerinnen und Bürgern eine klare politische Perspektive anbieten. Das Konzept, das ich angeregt und gemeinsam mit Peer Steinbrück vorgestellt habe, wird überall in der Partei begrüßt. Offenbar wird es deshalb auch nach dem Führungswechsel gültig bleiben.

13 WIR SIND DIE FRIEDENSMACHT

Die Vereinigten Staaten von Europa

Sozialdemokraten können sich nicht damit zufriedengeben, im eigenen Land für soziale Gerechtigkeit und Freiheit zu sorgen. Die Verpflichtung dazu reicht über die eigenen Grenzen hinaus. Menschenrechte und Menschenwürde sind für uns universell. Wir wollen für diese Ziele einstehen, für alle Menschen, egal, ob sie in Amerika, Afrika, in Asien, in anderen Ländern Europas oder bei uns in Deutschland leben. Ebenso wie unser Spitzenkandidat für die Europawahl, Martin Schulz, bin ich im Sommer 2008 zum Vizepräsidenten der Sozialistischen Internationalen gewählt worden. Für die nächste Zeit habe ich mir dort ein größeres Engagement vorgenommen. Es ist zwingend notwendig, dass die Sozialistische Internationale, in der weltweit immerhin mehr als 160 sozialdemokratische Parteien organisiert sind, erneut an Gewicht gewinnt, dass sie sich aktiver zeigt und wieder mehr Einfluss nimmt.

Starkes Engagement der SPD ist besonders in Europa erforderlich. Die Sozialdemokratie kann wie keine andere Partei auf eine lange europäische Tradition zurückblicken. Auf dem Heidelberger Parteitag 1925 beschloss sie als Ziel die Bildung der Vereinigten Staaten von Europa. Was damals unerreichbar schien, ist heute auf andere Weise Realität. Europa ist ein Modell für Frieden, Sicherheit und Wohlstand. Wir wollen weiter daran arbeiten, Europa nach außen hin zur Friedensmacht auszubauen. Im Inneren setzen wir auf Innovation, nachhaltiges Wachstum, Chancengleichheit und sozialen Ausgleich.

Europa ist ein Stabilitäts- und Wohlstandsraum. Gerade wir Sozialdemokraten werden weiter kämpfen, um vor allem ein gerechtes und soziales Europa zu erreichen. Wir definieren Europa aber nicht allein als Wirtschaftsgebiet. Europa hat eigene Traditionen und zeichnet sich durch kulturelle Vielfalt aus. Deshalb kann sich nicht alles um Gewinn und Wettbewerb drehen, denn in der Europäischen Union geht es ebenfalls um Menschen und ihre Lebensweise. Die sozialdemokratischen Parteien Europas werden folglich gemeinsam für ein soziales Europa eintreten. Dieses wird neue Strahlkraft über den Kontinent hinaus haben.

Das soziale Gesicht der europäischen Gemeinschaft

Wir müssen den Sozialstaat im nationalen Rahmen weiterentwickeln. In Europa gibt es unterschiedliche Ausprägungen und Traditionen des Sozialmodells. Das dürfte kaum zu vereinheitlichen sein. Gemeinsame Grundlagen für alle sind aber ein leistungsfähiger Staat, Sozialsysteme zur Absicherung der entscheidenden Lebensrisiken, ein hohes Bildungsniveau, öffentliche Daseinsvorsorge, geregelte Arbeitsbedingungen sowie Beteiligungs- und Mitbestimmungsrechte der Arbeitnehmerinnen und Arbeitnehmer. Auf diesen Voraussetzungen kann und muss die soziale Dimension in der EU genauso wichtig genommen werden wie beispielsweise das Wettbewerbsrecht.

Die Menschen in den entsprechenden Mitgliedsländern wollen, dass Europa mehr ist als ein Markt. Schon der große Europäer und Sozialdemokrat Jacques Delors, Mitglied der sozialistischen Partei Frankreichs, hat festgestellt, dass »man nicht einen gemeinsamen Markt lieben kann«. Erst wenn Europa zeigt, dass es auch ein soziales Gesicht hat, dass es eben den Menschen und nicht allein den Markt in den Mittelpunkt rückt, wird es seine Bürger erneut für sich begeistern können.

Außerdem: Wo wirtschaftliche Aktivität grenzüberschreitend ist, dürfen Arbeitnehmerrechte nicht an den Grenzen Halt machen. Daher wollen wir in den europäischen Unternehmen die Mitbestimmung der Erwerbstätigen absichern und ausbauen. Um die Tarifautonomie auf europäischer Ebene zu stärken und durchzusetzen, setzen wir uns für grenzüberschreitende Tarifverhandlungen und Tarifverträge ein.

Ein Vorteil des deutschen Wirtschaftssystems ist ohne Zweifel der starke Mittelstand. In ihm ist ein Verantwortungsgefühl für die Mitarbeiter und für die Region, in der der Betrieb steht, noch weit verbreitet. Hier ist man vielfach willens und in der Lage, auf aktuelle Herausforderungen flexibel zu reagieren. Ich mache beispielsweise immer wieder positive Erfahrungen mit mittelständischen Unternehmern, wenn Bedarf an Ausbildungsplätzen besteht. Da springen einige ein, obwohl sie ihr betriebliches Kontingent ausgefüllt haben, um doch noch dem einen oder anderen Jugendlichen eine Chance zu geben. Diese Philosophie des Mittelstands ist ein Erfolgsmodell, und wir sollten anderen helfen, die ähnliche Strukturen aufbauen wollen, beispielsweise im Osten Europas. Wir erleben tagtäglich, wie groß die Gefahr ist, dass Marktwirtschaft durch Konzentration ausgehöhlt wird. Schaut man sich zum Beispiel die Autoindustrie an, muss man befürchten, dass es weltweit immer weniger eigenständige Hersteller gibt. Das kann nicht unser Ziel sein. Sozialdemokraten wollen nicht die Wirtschaftsmacht in den Händen einiger weniger. Deshalb trete ich auch so nachdrücklich für unser gegliedertes Bankensystem ein. Das ist für mich ein Stück aktiver Mittelstandspolitik. Das müssen wir innerhalb der EU verteidigen. Es wäre jedenfalls besser, wir würden die guten Erfahrungen damit nutzen.

Es gibt zu viele Vorurteile gegen Europa und die Brüsseler Bürokratie. Aber manchmal habe auch ich den Eindruck, dass bei der EU-Kommission Menschen arbeiten, die vom Leben nicht viel wissen. Die müssen sich an Fachbüchern orientieren, in denen der Alltag der Menschen nicht vorkommt. Das Nein der Iren zum Reformvertrag von Lissabon hat damit zu tun und mit der Wahrnehmung, die Europäische Union würde soziale Fragen gering schätzen. Wenn wir es also weiter zulassen, dass eine Kluft zwischen den Institutionen der EU und den Menschen in Europa existiert, werden wir wichtige politische Ziele verfehlen. Politik muss erreichen, dass die Menschen Europa als Chance begreifen. Das gilt vor allem für die Jugend. Denn wir brauchen das Europa der Bürger.

Wir als SPD sollten mehr europäische Demokratie wagen. Das ist jedenfalls mein Wunsch für die nächste Etappe der EU, ebenso eine deutliche und zuverlässige soziale Dimension. Zudem hoffe ich, dass die vielen Begegnungen, Austauschprogramme und gemeinsamen Bildungserlebnisse der jungen Europäerinnen und Europäer Früchte tragen. Ich bin unbedingt für den Lissabon-Vertrag, und nach wie vor finde ich, eine gemeinsame europäische Verfassung wäre noch besser. Wir wollen und brauchen diese Union, deshalb müssen wir uns um die Zustimmung der Menschen bemühen. Mit der EU können wir nachdrücklicher unsere internationalen Ziele verfolgen, wie einen fairen Handel, klare Regeln für die Finanzmärkte und ein eindeutiges Nein zu Kinderarbeit. Schon jetzt ist die Europäische Union in vielen Konflikten ausgleichend und schlichtend tätig. Europa ist nicht nur als Friedenswerk für den eigenen Kontinent wichtig, sondern auch als globale Friedensmacht, das ist eine gute Perspektive.

Türkei und »Mittelmeerunion«

Die Regierungen der EU-Staaten müssen einen Weg finden, wie wir zu vernünftigen Entscheidungen in der Union gelangen. Das ist einer der ganz wichtigen Punkte des Lissabon-Vertrags. Sonst bekommen diejenigen recht, die sagen, eine Erweiterung, die Aufnahme neuer Mitglieder, wäre kaum noch möglich. Das ist aber auch eine Frage der Zuverlässigkeit. Wenn wir unsere Interessen realisieren und diese befriedende Rolle in der Welt spielen wollen, muss ein gegebenes Wort gehalten werden. Das heißt, dass wir zu den Zusagen gegenüber den Ländern stehen müssen, die eine Beitrittsperspektive erhalten haben und die die Kriterien dafür erfüllen.

Es wird zum Beispiel immer mal wieder ein Streit darüber inszeniert, ob die Türkei in die EU soll. Tatsächlich ist aber das Beitrittsverfahren längst eingeleitet. Das bedeutet: Es liegt allein an der Türkei, ob sie die Beitrittskriterien erfüllt oder nicht. Es ist nicht davon abhängig, was SPD und CDU dazu meinen. Vor diesem Hintergrund wäre es ein schwerer Fehler, die Türkei auf den Rang einer privilegierten Partnerschaft zu schieben, wie es die Union unter der Führung von Angela Merkel will. Das wurde zu Recht als diskriminierend empfunden, und darüber hinaus könnten sich alle Staaten mit muslimischer Bevölkerung als Länder zweiter Klasse begreifen. Das wäre gefährlich.

Schließlich gibt es Kräfte, die genau damit Politik machen, die für ihre fundamentalistische Propaganda und ihre in Teilen terroristischen Aktivitäten ohnehin den Westen zum Feind stilisieren und Hass schüren. Ich habe keinerlei Schwierigkeiten mit der Tatsache, dass die Türkei hohe Beitrittsauflagen hat und die Kriterien sehr streng sind. Das gilt für Fragen des Umweltschutzes ebenso wie für solche, die Aufbau und Umsetzung des Rechtsstaats betreffen. Und es gilt besonders für die Religionsfreiheit.

Ich plädiere sehr dafür, von der Türkei echte Religionsfreiheit zu verlangen. Es stört mich massiv, dass wir bei uns Mittel und Wege finden, Moscheen zu bauen, die Christen in der Türkei aber keine Kirchen errichten dürfen. Da muss Europa klar zum Ausdruck bringen: Wer einen solchen Schritt verhindert, verletzt den Konsens, der erforderlich ist, wenn der überwiegend christlich geprägte Teil Europas sich der Türkei öffnen soll. Wenn es zu einem Miteinander kommen soll, brauchen wir die Toleranz in der Religionsausübung. Harte Forderungen darf man also gegenüber der Türkei erheben. Die Tür zuschlagen jedoch nicht. Das heißt aber, dass noch ein langer Beitrittsprozess vor uns liegt, bis dieses Land tatsächlich Vollmitglied der Europäischen Union werden kann.

Neben dem Beitrittsprozess halte ich die – von Jacques Delors maßgeblich mit in Gang gesetzten – engeren Kontakte zu den Mittelmeerländern für unerlässlich. Es ist richtig, den sogenannten Barcelona-Prozess konsequent weiterzuführen, also das Kooperationsprogramm der EU mit den Ländern Nordafrikas und des Nahen Ostens auszubauen. Die Europäische Gemeinschaft ist da auf einem richtigen Weg, die »Mittelmeerunion« eine prinzipiell gute Sache.

Die EU muss enge Beziehungen zu Osteuropa und

Russland unterhalten – bei aller Rücksichtnahme auf die besonderen Interessen der Polen und Balten, die aufgrund ihrer historischen Erfahrungen verständlicherweise bei diesem Thema hochsensibel reagieren. Hier ist die SPD hilfreich. Es gibt eine Reihe langjähriger und guter Kontakte zu Moskau. Außenminister Frank-Walter Steinmeier hat solche Absprachen mit dem neuen russischen Präsidenten Dmitri Medwedew getroffen, die jene Distanz, die Bundeskanzlerin Angela Merkel die Regierung in Moskau spüren lässt, aufwiegen können. Perspektivisch muss natürlich auch Weißrussland an die EU herangeführt werden. Gleiches gilt für die Ukraine. Hier geht es allerdings nicht um eine Mitgliedschaft, sondern darum, Demokratie zu fördern, Stabilität zu sichern, die Menschenrechte zu gewährleisten, sowie um eine Politik der guten Nachbarschaft, des Interessenausgleichs. Im aktuellen Konflikt zwischen Russland und Georgien wirken sich die Friedensbemühungen unseres Außenministers und der EU offenbar aus, hoffentlich auch nachhaltig.

Einer gegenüber Russland kritischen öffentlichen Meinung müssen wir die Grundidee der Entspannungspolitik entgegenhalten. Dazu gehört die Unterscheidung zwischen russischer Innenpolitik – diesen autoritären Kapitalismus und diese fragwürdigen Methoden des Machterhalts können Sozialdemokraten niemals billigen – und der friedenspolitisch unabdingbaren nüchternen Nachbarschaftspolitik, die in unserem eigenen deutschen Interesse liegt.

Konfliktmanagement in der Welt

Es ist nicht so, dass wir hierzulande immer ein Hort des Friedens und der Menschlichkeit gewesen wären. Die europäische Geschichte ist eine voller grausamer Konflikte, weshalb die Europäische Union die wichtigste Lehre ist, die wir daraus gezogen haben. Ich wünsche mir, dass andere von diesem Beispiel lernen können. Denn weiter auseinander, gegensätzlicher waren Konfliktparteien nirgendwo auf der Welt, als man es in Europa bis in das letzte Jahrhundert hinein erleben oder beobachten konnte. Der von Deutschland unter den Nazis ausgelöste Zweite Weltkrieg als Vernichtungs- und Eroberungskrieg ist der schändliche Schluss- und Höhepunkt dieser Entwicklung. Dank der europäischen Idee aber auch ihr Ende.

In diesem Zusammenhang will ich noch eine andere große Friedensidee ansprechen: Gemeint ist jene auf Willy Brandt und Egon Bahr zurückgehende KSZE-Schlussakte von Helsinki. Ich bin davon überzeugt, dass die Erfahrungen der Entspannungspolitik wertvoll sind für die Problemlagen von heute. Europa als Friedensmacht sollte die Abrüstung wieder auf die internationale Tagesordnung setzen. Rüstungskontrolle muss erneut ein wichtiges Ordnungsprinzip der internationalen Beziehungen werden. Am Ziel einer atomwaffenfreien Welt – wie im Atomwaffensperrvertrag vereinbart – halten wir Sozialdemokraten fest. Wir wollen eine weitere Verbreitung von Massenvernichtungswaffen verhindern und sehen uns mit dieser Meinung auf einer Linie mit den europäischen Nachbarn.

Europa leistet einen beachtlichen Beitrag im Bereich der Friedenssicherung. Die gemeinsame Außen- und Sicherheitspolitik der EU ist noch jung, aber es wurde schon einiges erreicht. Deutschland hat dazu maßgeblich beigetragen.

In der Regierungszeit von Gerhard Schröder vollzogen wir einen Wandel in der Sicherheitspolitik, in dessen Folge die Bundeswehr zu einer Art internationalen Konfliktmanagers wurde – angesehen und erfolgreich. In Afghanistan konnten wir mit unserem zivil-militärischen Ansatz, bei dem Aufbauarbeit und humanitäre Hilfe geleistet werden, anderen ein Beispiel geben. Das Ziel der Anstrengungen in dem Land am Hindukusch ist es, dort eigene stabile Strukturen zu ermöglichen und so zu verhindern, dass sich erneut Machthaber etablieren, die den internationalen Terrorismus unterstützen. Man kann nicht erwarten, dass das ohne Umwege und Rückschläge erreichbar ist.

Vor diesem Hintergrund und mit den Erfahrungen unserer europäischen Friedenssicherung habe ich die Linie von Präsident Hamid Karsai unterstützt, gemäßigte Taliban in die politischen Stabilitätsbemühungen einzubeziehen. Bei meinen Gesprächen in Afghanistan – unter anderem mit dem Staatspräsidenten – wurde mir immer wieder bedeutet, dass der Einfluss der Taliban in breite Teile der Bevölkerung hineinwirkt, sodass man keine andere Chance habe, als die vorhandenen gemäßigten Kräfte von der Unsinnigkeit des terroristischen Kampfes zu überzeugen. Ich erinnere mich der hämischen Kommentare, nachdem ich das auf dem Rückflug aus Afghanistan auch öffentlich sagte. Aber die Häme fällt auf die Kritiker zurück, weil erkannt ist, dass man die große Zahl der Sympathisanten im Land auf den Friedenskurs bringen muss, um überhaupt an eine wirkungsvolle Aufbauarbeit auch im Süden Afghanistans denken zu können. Die dort verantwortlichen NATO-Staaten setzen inzwischen ebenfalls auf einen zivil-militärischen Ansatz, wie er im Norden des Landes bereits Früchte trägt.

Wir müssen es schaffen, die Lebensbedingungen der Menschen zu verbessern und ihnen eine ökonomische Perspektive zu geben, wenn wir langfristige Erfolge erreichen wollen. Nur in Verbindung mit politischen, diplomatischen, ökonomischen und entwicklungspolitischen Maßnahmen kann ein militärisches Eingreifen erfolgreich sein. Allein auf der Ebene eines Gebrauchs von Waffen ist kein Konflikt nachhaltig zu lösen. Das gilt universell, nicht nur in Afghanistan. Das ist auch die kürzeste Erklärung unseres umfassenden Sicherheitsbegriffs, wie wir ihn im SPD-Grundsatzprogramm beschlossen haben. Im Kampf gegen den Terror gilt für die Sozialdemokraten, dass die großen zivilisatorischen Errungenschaften der Rechtsstaatlichkeit, das absolute Folterverbot und das internationale Recht, strikt einzuhalten sind. Deutschland und Europa würden sich selbst unglaubwürdig machen, wenn wir anders handelten.

Perspektive für die Palästinenser

Der Frieden im Nahen Osten ist für uns nicht erst eine Aufgabe, seitdem dieser Konflikt benutzt wird, um Terroristen zu rekrutieren. Die Sicherheit Israels kann Deutschland niemals gleichgültig sein. Die SPD wird sich immer für das Existenzrecht dieses Staates einsetzen. Das ist im Grund eine Selbstverständlichkeit, muss aber vor allem deshalb betont werden, weil der iranische Präsident Mahmud Ahmadinedschad in jüngster Vergangenheit mehrfach seine Feindschaft gegen Israel offen ausgesprochen hat. Wir Sozialdemokraten stehen zu Israel. Darauf können sich unsere Freunde verlassen. Frieden wird aber nur einkehren, wenn auch die Palästinenser eine Perspektive auf stabile Verhältnisse in einem eigenen Staat haben.

Deutschland und Israel sind nach dem Ende des Zweiten Weltkriegs ihren Weg gemeinsam gegangen. Nach dem Holocaust, dem von Hitler-Deutschland geplanten und ausgeführten Völkermord an den europäischen Juden, war das nicht selbstverständlich. Wie vieles andere auch nicht: Von den Entschädigungsverhandlungen über die Aufnahme diplomatischer Beziehungen 1965 bis zur Rede des damaligen Bundespräsidenten Johannes Rau vor der Knesset im Jahr 2000 bedurfte jeder Schritt unseres gemeinsamen Weges der besonderen Feinfühligkeit, des politischen Weitblicks und eines beharrlichen Engagements herausragender Persönlichkeiten. Zu diesen zählt sicher der erste Bundeskanzler der 1949 neu gegründeten Bundesrepublik, Konrad Adenauer, der nicht meiner Partei angehörte, der sich aber bei der Verwirklichung des »Wiedergutmachungsabkommens« eher auf die Sozialdemokraten im Deutschen Bundestag als auf seine eigene Fraktion stützen konnte.

Die Sozialdemokratie stand immer fest in der Überzeugung, dass Israel auf Deutschland zählen können muss. Erich Ollenhauer reiste als erster SPD-Vorsitzender 1957 nach Israel, 1960 folgte Willy Brandt als Regierender Bürgermeister von Berlin. Brandt begann 1966 als Außenminister die diplomatischen Beziehungen mit Leben zu füllen, als Bundeskanzler absolvierte er den ersten Staatsbesuch in Israel. Von ihm stammt auch die Mahnung: »Es ist leicht, von anderen Maß, Vernunft, Bescheidung zu fordern. Aber diese Bitte kommt mir aus dem Herzen: Alle, die Macht haben, Krieg zu führen, möchten der Vernunft mächtig sein und Frieden halten.«

Im Jahr 2000 habe ich Israel und die palästinensischen Autonomiegebiete bereist. Diese Erfahrung und meine zahlreichen Begegnungen dort haben mir gezeigt, dass wir uns allein mit dem europäischen Blick keine differenzierte Meinung über Israel und den Nahostkonflikt bilden können. Erst der unmittelbare Kontakt macht deutlich, welche tiefen Ängste und Verletzungen es auf beiden Seiten gibt, wie das Leben der Menschen aussieht, welche Sorgen und welche Hoffnungen sie haben.

In den gut zwei Jahren, in denen ich SPD-Vorsitzender war, haben wir deutliche Impulse für die deutsche Nahostpolitik gegeben. Zum einen mit meinem Elf-Punkte-Papier, das aus Anlass der Auseinandersetzung zwischen Israel und dem Libanon entstanden ist, zum anderen mit dem befriedenden Beitrag der Bundesmarine vor der Küste Libanons. Sowohl seitens der SPD als auch durch Außenminister Steinmeier trugen wir erheblich dazu bei, dass Syrien in die Bemühungen um Frieden und Stabilität einbezogen wird. In beiden Fällen haben die deutschen Konservativen entweder gezögert – als ob Deutschland sich aus dem Versuch, den von uns beförderten Waffenstillstand zu sichern, einfach heraushalten könnte – oder die moralisch Empörten gegeben, weil Syrien eine Diktatur ist. Inzwischen ist das aber keine Frage mehr.

Der Kampf um Ressourcen

Die SPD hat einen umfassenden Sicherheits- und Friedensbegriff, der auf die Ursachen von Auseinandersetzungen eingeht. Wir wollen proaktiv verhindern, dass es zum Ausbruch von Konflikten kommt. Dies ist auch Kern der deutschen und europäischen Sicherheitsdoktrin. Präventive Konfliktvermeidung ist auf die Überwindung struktureller Ursachen von Friedlosigkeit ausgerichtet. Es geht bei Sicherheitspolitik darum, eine spürbare Verbesserung der individuellen menschlichen Lage zu erreichen. Entwicklungspolitik, wirtschaftliche Zusammenarbeit, konkrete Aufbauarbeit, beispielsweise bei Errichtung von Schulen oder bei der Wasserversorgung, sind aus dieser Sicht friedens- und sicherheitspolitische Maßnahmen – nicht zuletzt in unserem eigenen Interesse. Europa ist schon jetzt der größte Geber im Bereich der Entwicklungszusammenarbeit.

Entscheidend für eine friedliche Weiterexistenz der Welt wird allerdings sein, dass wir in Zukunft die Verteilung der Nahrungsmittel gerechter organisieren. Es ist nicht hinnehmbar, dass Hunderttausende Hunger leiden, während andere zur selben Zeit mit Nahrungsmitteln spekulieren und riesige Gewinne abgreifen. Wir brauchen mehr Gerechtigkeit im Welthandel. Handelshemmnisse, Zollbarrieren und wettbewerbverzerrende Subventionen müssen dringend abgebaut werden, um den ärmeren Ländern endlich faire Chancen auf den Weltmärkten zu bieten.

Der Klimawandel ist Realität. Wir müssen entschieden handeln, um die Erderwärmung zu begrenzen und deren Folgen zu begegnen. Dazu benötigen wir neue Formen der Energieerzeugung und des nachhaltigen Wirtschaftens. Der Kampf gegen den Klimawandel darf nicht gegen das Recht auf Entwicklung der Schwellen- und Entwicklungsländer ausgespielt werden. Armutsbekämpfung durch wirtschaftliche Förderung und ökologischen Schutz schließen einander nicht aus. Das Kyoto-Protokoll und die anhaltenden Bemühungen um ein Nachfolgeabkommen, um verbindliche globale Klimaschutzziele zeigen, wie mühsam die Verständigung zwischen den Staaten ist. Eigentlich können wir uns diesen langen und zögerlichen Prozess gar nicht leisten. Es gibt jedoch keine Alternative zu der Anstrengung, alle zu überzeugen, alle mitzunehmen und innovative Instrumente zu entwickeln, die weltweit zustimmungsfähig sind. Notwendig ist eine ehrgeizige, aber differenzierte Klimaschutzpolitik, denn starke Schultern können mehr tragen als schwache. Alle Staaten – Industrie-, Schwellen- wie auch Entwicklungsländer – sind gefordert, um der globalen Erderwärmung zu begegnen.

Es ist klar, dass erneuerbare Energien, grüne und saubere Technologien einen wichtigen Beitrag für den Klimaschutz leisten. Sie können zur Bekämpfung der weltweiten Armut beitragen und Konflikten um immer knapper werdende Ressourcen vorbeugen. Zugleich dienen sie der Schaffung und Sicherung zukunftsorientierter Arbeitsplätze. Wir brauchen eine vorausschauende Politik zur Weiterentwicklung umfassender Verbreitung von Technologien im Bereich erneuerbarer Energien, zur Verbesserung der Energieeffizienz und zur Reduzierung des Schadstoffausstoßes. Aus vielen Gründen kann unsere Industriegesellschaft derzeit nicht auf Kohlekraftwerke verzichten. Die Politik, alte »schmutzige« Kraftwerke durch neue effizientere und saubere zu ersetzen, halte ich deshalb für richtig. Der Klimawandel wird den Druck auf knappe Ressourcen, insbesondere Energie, Wasser und in Teilen sogar Nahrungsmittel, noch verschärfen. Daher bedarf es verstärkter Anstrengungen zur nachhaltigen Sicherung von Wasser und Nahrung, zur Verhinderung neuer Spannungen und Konflikte um diese Ressourcen.

Private Patenschaften und der Dalai Lama

Es gehört zu den Zielen der SPD, den Entwicklungshilfeetat angemessen auszustatten. Das geschieht auch in der aktuellen Koalition. Wir wollen den Menschen zeigen, dass wir an ihrer Seite stehen. Das kann allerdings durch Bürgerengagement unter Umständen noch wirkungsvoller geschehen als durch staatliche Gelder und Projekte. Rheinland-Pfalz pflegt beispielsweise seit mehr als fünfundzwanzig Jahren enge Beziehungen zu Ruanda. Daraus sind viele persönliche Verbindungen entstanden. Hilfe wird überwiegend von privaten Initiativen organisiert – und zwar effizient und konkret. »Wir sind Menschen, die einander mögen«, so lässt sich diese Partnerschaft umschreiben. Ich war einige Male, zuletzt im Juni 2007, in Ruanda, um mich vor Ort von den Fortschritten zu überzeugen, die die Hilfe aus unserem Land in Gang gesetzt hat. Krankenhäuser, Waisenhäuser und Schulen entstehen. Straßenkinder werden betreut und erlernen ein Handwerk. Wenn man sieht, wie Jugendliche dort mit Eifer dabei sind, ein Haus zu mauern, dann wird bewusst, dass nicht allein die großen weltpolitischen Beschlüsse und Hilfsprogramme nötig sind. Das Engagement von Bürgern, ihre Bereitschaft, unmittelbar zu helfen, kann enorm viel ausrichten.

Solche konkreten Beziehungen können ein gutes Vorbild für die Entwicklungspolitik der Zukunft abgeben. Hierbei geht es immer darum, die Organisationen vor Ort zu stärken, die in dem Land Selbsthilfe aufbauen können. Es ist wichtig, Entwicklungsländer auf ihrem eigenen Weg zu unterstützen, wie das in weiten Teilen durch die sehr direkte Hilfe aus Rheinland-Pfalz geschieht.

Was derartige Kontakte bedeuten, machen auch die Verbindungen von Rheinland-Pfalz nach China und Japan deutlich. Seit 1989 unterhält das Land eine Patenschaft mit der chinesischen Region Fujian. Dort geht es nicht ums Überleben, sondern um Entwicklung, um Teilhabe der Menschen an einem wachsenden Wohlstand. Die wirtschaftliche Zusammenarbeit wurde in den vergangenen Jahren verstärkt. Für viele Unternehmen in Rheinland-Pfalz ist Fujian bedeutender Handelspartner. Umgekehrt sichert der Export der Chinesen in dieses Bundesland vielen Menschen in Fujian ihr Auskommen. Intensive Beziehungen auf dem Feld der Wissenschaft tragen dazu bei, dass beide Seiten voneinander profitieren. Die Provinz mit mehr als zweiunddreißig Millionen Einwohnern gilt als eine der Wachstumsregionen Chinas. 2004 wurde ich als erster Europäer Ehrenbürger der Region. Gouverneur Lu Zhangong sagte mir damals bei meinem Besuch, sein Land habe von Rheinland-Pfalz viel gelernt. Er meinte damit in erster Linie technologische und wirtschaftliche Belange, doch tragen wir durch die Kontakte auch unsere Ideen von Demokratie, Bürgerrecht und Mitbestimmung weiter.

Die seit nunmehr fast zehn Jahren bestehenden Verbindungen zur japanischen Präfektur Iwate haben vor allem nachhaltige Beziehungen im Bereich der Umwelt- und Energietechnik erbracht. Man wirft dort einen besonderen Blick darauf, wie wir in Deutschland mit umweltpolitischen Themen umgehen und wie beispielsweise der Umstieg auf regenerative Energien praktiziert und gefördert werden kann.

Natürlich kann Engagement im Kleinen nicht die internationale Diplomatie ersetzen. Als Angela Merkel den Dalai Lama im Kanzleramt – in manchen Augen also wie einen Regierungschef – empfing, wurde schlagartig deutlich, an welchen Symbolen und Gesten sich Missstimmung entzünden kann. Wir können Frank-Walter Steinmeier dankbar sein, dass er mit Ruhe und Beharrlichkeit eine Normalisierung des Verhältnisses der Bundesrepublik zu China erreichen konnte. Auch auf dem Feld der großen Politik sind es sehr häufig die persönlichen Kontakte und die vielen kleinen Schritte, die zu intensiven Beziehungen führen und helfen können, Konflikte aus dem Weg zu räumen. Je mehr es davon gibt, desto besser.

Der Empfang des Dalai Lama diente nicht dazu, irgendein reales außenpolitisches Ziel zu verfolgen, sondern in einer innenpolitischen Auseinandersetzung über angeblich moralische Politik zu glänzen und sich im Licht dieses so außerordentlich sympathischen Mannes zu sonnen. Mir persönlich erscheint es hingegen nicht besonders moralisch, wenn dadurch etwa der zielgerichtete Dialog mit China über Rechtsstaatlichkeit unterbrochen oder gar gefährdet wird.

Moralische Außenpolitik auf der Grundlage der UN-Menschenrechtscharta ist eine zähe Angelegenheit, die viel Beharrlichkeit verlangt. Auch in diesem Zusammenhang erinnere ich an unsere Erfahrungen mit der Entspannungspolitik.

Ethik gegen Spekulation

Konflikten vorzubeugen und Frieden zu schaffen – das sind die Ziele sozialdemokratischer Außenpolitik. Für diesen multilateralen Ansatz brauchen wir handlungsfähige Vereinte Nationen. Wir wollen sie stärken und ihre Legitimität erhöhen und setzen uns für deren Reform und Demokratisierung ein. Das schließt einen reformierten UN-Sicherheitsrat mit angemessener Beteiligung Afrikas und Südamerikas ein. Die SPD befürwortet die Beteiligung zivilgesellschaftlicher Akteure in den Strukturen der weltweiten Regierungszusammenarbeit. So lässt sich direkte Teilhabe an internationalen Prozessen herstellen. Dabei müssen auch die Schwellenländer ihre Interessen einbringen können. Es ist erforderlich, dass beispielsweise die G8-Staaten den veränderten weltwirtschaftlichen und weltpolitischen Realitäten Rechnung tragen und themenabhängig jeweils um die Länder erweitert werden, ohne deren Mitwirkung sinnvolle Regelungen nicht möglich sind.

Ein Beispiel für die neuen Herausforderungen an die internationale Politik ist die Energiesicherheit. Sie muss in eine umfassende und kooperative Friedens- und Sicherheitspolitik eingebettet werden. Wir verstehen Energiesicherheit als gemeinsames Projekt und wollen den politischen Dialog von Förder-, Verbraucher- und Transitländern stärken. Aufgrund der zunehmenden Vernetzung der internationalen Märkte kommt beständigen ökonomischen Grundlagen eine besondere Bedeutung zu. Einzelne Nationalstaaten können diese Stabilisierung nicht leisten. Alles, was knapp zu werden droht, wird zum Objekt weltweiter Finanzspekulation. Ich erinnere nur an den Zusammenbruch der sogenannten New Economy und die Gefahren, die von dieser Gier nach schnellen und hohen Spekulationsgewinnen ausgehen, oder an die Immobilienkrise 2008, die in den USA durch neue Finanzierungsprodukte verursacht ist. Auch der Ölpreis und die steigenden Lebensmittelpreise zur selben Zeit sind teilweise auf Spekulationen zurückzuführen. Übrigens würde sich die Frage lohnen, warum die Ölkonzerne ihre Gewinne aus dem im Vergleich zum Euro schwachen Dollar nicht an die Verbraucher weitergeben.

Wir benötigen einen starken, transparenten und demokratisch legitimierten Ordnungsrahmen für die Finanzmärkte, um Krisen vorzubeugen und Verlässlichkeit zu schaffen. Es war der SPD-Teil der Bundesregierung, der dieses Problem auf die globale Tagesordnung gesetzt hat. Außerdem muss die Reform des Internationalen Währungsfonds und der Weltbank weiter vorangebracht werden. Ihre Strukturen und die Verteilung der Stimmrechte müssen dem gewachsenen Gewicht der Schwellen- und

Entwicklungsländer angemessen Rechnung tragen. Armutsbekämpfung, Umweltpolitik, Gesundheitsvorsorge, Bildungspolitik, eine faire Teilhabe an Ressourcen und am internationalen Wohlstand sind Bestandteile des sozialdemokratischen Sicherheitskonzepts. Gefordert ist ein neues, multidimensionales Verständnis von Protektion. In dem Nord-Süd-Bericht, der 1980 von Willy Brandt vorgelegt wurde, schrieb der Friedensnobelpreisträger in seinem Vorwort: »Unser Bericht gründet sich auf das wohl einfachste gemeinsame Interesse: Dass die Menschheit überleben will und – wie man hinzufügen könnte – auch die moralische Pflicht zum Überleben hat.«

Durch ein neues, umfassendes Sicherheitsverständnis, das den Menschen und den Schutz der natürlichen Lebensgrundlagen ins Zentrum aller Bemühungen stellt, werden wir als internationale Gemeinschaft Auseinandersetzungen präventiv begegnen können, eine nachhaltige Konfliktlösung im Krisenfall erreichen, unsere Glaubwürdigkeit bewahren und unserer ethischen Verantwortung gerecht werden.

14 DER BLICK NACH VORN

Wer mit wem – Koalitionen

Auch nach meinem Ausscheiden aus dem Amt des SPD-Vorsitzenden gilt meine Meinung weiter, dass es wichtige Gestaltungs- und Entscheidungsfragen für die Wählerinnen und Wähler gibt, die von sicher spannenden und unterhaltsamen Machtspielen nicht in den Hintergrund gedrängt werden dürfen. Bedeutender als die Frage, wer sich in der SPD gegen wen durchsetzt, ist für die Wählerinnen und Wähler, ob die Kluft zwischen Arm und Reich sich verkleinert, ob das Bildungswesen gerecht und effizient wird, ob es soziale Aufstiegschancen gibt, ob Deutschland auch in Zukunft wirtschaftlich erfolgreich bleibt, ob der demografische Wandel bewältigt und ökologisch verantwortungsvoll gehandelt wird.

Ich sehe die Aufgabe der Politik darin, anstehende Probleme anständig zu lösen. Das geht am besten in einer Alleinregierung. Wenn man aber einen Partner braucht, kommt es darauf an, dass die inhaltlichen Schnittmengen möglichst groß sind und das Klima stimmt. Deswegen ist an solchen Fragen besonders wichtig, was diese Koalitionen mit ihren Mehrheiten tun wollen.

Übereinstimmungen mit dem Partner FDP

In Rheinland-Pfalz habe ich fünfzehn Jahre mit der FDP regiert und beste Erfahrungen gemacht. Unsere Arbeit war von einem fairen Zusammenwirken geprägt. Es gab natürlich auch Spannungen, wie in jeder Koalition. Doch besaß das Bündnis aufgrund des persönlichen Vertrauensverhältnisses, das ich zu Wirtschaftsminister Rainer Brüderle entwickelt hatte, der lange auch stellvertretender Ministerpräsident war, so viel Stabilität, dass Missstimmung selten nach außen gedrungen ist. Ich erinnere mich an heftige Auseinandersetzungen um Haushaltsfragen. Bei diesem Thema kommt es selbst in einer Regierung, die über eine absolute Mehrheit verfügt, zu harten Debatten, weil die Ressortchefs um ihre Interessen kämpfen. Wenn aber noch Parteiinteressen hinzutreten und unterschiedliche politische Positionen, wird es allemal schwieriger. Da hat es schon manchmal geknallt und es gab kräftigen Streit, aber es ging nie so weit, dass jemand die Koalition in Gefahr brachte. Im Gegenteil: Nach einer Auseinandersetzung hat man sich wieder zusammengefunden.

Brüderle und ich schätzten vor allem unsere gemeinsamen Runden vor den Kabinettsitzungen. Dass wir beide gern ordentlich frühstücken, gab Anlass, alle Themen zu besprechen, die irgendwie strittig werden könnten. Wir waren schließlich so aufeinander eingespielt, dass wir Probleme erkannten, bevor sie wirklich virulent wurden. Auf diese Weise konnten wir gegensteuern und ausgleichend wirken. In Mainz gab es deshalb Zeiten, in denen wir ein ganzes Jahr lang keine oder höchstens eine Sitzung des Koalitionsausschusses benötigten. Noch heute haben Brüderle und ich – bei allen politischen Unterschieden – ein sehr freundschaftliches Verhältnis und können offen miteinander reden.

Voraussetzung für unsere erfolgreiche Arbeit war ein grundlegender Konsens: Man musste sich immer in die Situation des anderen hineinversetzen können. Es galt zu bedenken, dass der Partner in der Lage sein musste, zu erklären, er habe für seine Partei und seine Überzeugung etwas Vernünftiges erreicht. Diese Grundhaltung, die über all die Jahre der Zusammenarbeit gegeben war, bewirkte das positive Miteinander in der Regierung. Diese Linie verfolgte mit mir auch Hans-Arthur Bauckhage, der Nachfolger Brüderles im Kabinett, einer der grundehrlichsten Menschen, die ich in der Politik kennengelernt habe. Er ist ein gestandener Bäckermeister, der den Betrieb von seinen Eltern übernommen und ausgebaut hatte und ein hohes Maß an sozialer Kompetenz besitzt. Wir kannten uns aus dem sozialpolitischen Ausschuss, aus der Landtagsarbeit, bevor er 1998 das Amt des Wirtschaftsministers übernahm.

Zu den Vertrauten in der Regierung gehörte ebenso der leider früh verstorbene Peter Caesar, der Justizminister und eine Zeit lang stellvertretender Ministerpräsident war. Mit ihm verbanden mich eine freundschaftliche Beziehung und ein hohes Maß an Übereinstimmung, was innere Liberalität in einem Gemeinwesen bedeutet. Diese drei Personen standen aufseiten der FDP für das Funktionieren der sozialliberalen Koalition.

Bei einer Zusammenarbeit von Sozialdemokraten und Freien Demokraten sind die gemeinsamen Wurzeln ein nicht zu unterschätzender Vorteil. Der Kampf um Demokratie in Deutschland hatte seine Ursprünge in der Frühphase der Arbeiterbewegung ebenso wie im Liberalismus. Das Hambacher Fest von 1832 mit seinen Forderungen nach Bürgerrechten und Freiheit gehört zur Tradition beider Parteien. In der Geschichte der Bundesrepublik gab es zwischen SPD und FDP überwiegend einen Grundkonsens in außenpolitischen Fragen. Auch wenn die FDP in jüngster Vergangenheit punktuell davon abgewichen ist, sehe ich nach wie vor breite Felder der Übereinstimmung. Ebenso sind wir uns in Fragen der inneren und äußeren Sicherheit auf jeden Fall näher, als die FDP es weiten Teilen der Union ist. Selbst im Bereich der Wirtschafts- und Sozialpolitik gibt es Schnittmengen: Was die FDP unter »negativer Einkommensteuer« versteht, hat dasselbe Ziel wie der »Bonus für Arbeit« der SPD. In der Förderung von kleineren und mittleren Unternehmen existiert das gemeinsame Ziel, den Mittelstand zu stärken und auf diese Weise den Markt zu erhalten und ihn nicht weiter monopolartig auszuhöhlen.

Es sind also durchaus Punkte vorhanden, bei denen es sich lohnt, nach übereinstimmenden Antworten zu suchen. Dazu gehört beispielsweise auch das Thema Bildung. Eine demokratische Gesellschaft hat nichts gegen Leistungseliten, wohl aber gegen Eliten, die allein aufgrund von Privilegien gebildet wurden. Folglich müssen Bildung und Leistung Aufstieg ermöglichen. Diese These habe ich noch im Freiburger Programm der FDP von 1971 gefunden – und vernehme sie jetzt wieder von Einzelnen als Forderung an die eigene Partei.

Im Übrigen: Für Deutschland war es eine gute Zeit, als Freie Demokraten und Sozialdemokraten unter den Bundeskanzlern Willy Brandt und Helmut Schmidt und den Außenministern Walter Scheel und Hans-Dietrich Genscher zusammenarbeiteten. Deswegen steht für mich fest: Die SPD schlägt keine Türen zu. Die SPD macht sie ausdrücklich auf. Natürlich kommen aus der FDP auch sehr schrille Töne. Die überhöre ich nicht. Doch wenn man das Gespräch miteinander suchen würde, um zu sehen, welche Gemeinsamkeiten es gibt, fände man eine Basis für ein anständiges gemeinsames Regieren.

Denkbare Möglichkeit – die Ampel

Ich halte eine Koalition von SPD, FDP und Grünen für eine denkbare Möglichkeit in der aktuellen Parteienlandschaft, sogar für ein hochspannendes Modell. Es könnten enorme Kräfte freigesetzt werden, wenn wir aus dem überholten Lagerdenken ausbrechen würden. Alle Beteiligten wären gezwungen, neue Wege zu gehen. Das bedeutet keinesfalls, dass ich meine Präferenz für eine rot-grüne Koalition aufgebe. Doch wenn sich in dieser Republik vorübergehend ein Fünf-Parteien-System etabliert, muss man in Rechnung stellen, dass es für die klassischen Zweier-Konstellationen möglicherweise nicht zur Mehrheit reichen wird.

Die Grundorientierungen, mit denen man umgehen kann, um Gemeinsamkeiten zu definieren, und die tiefer gehen, als nur vom Willen zur Macht getragen zu sein, diese sind nicht nur bei den Grünen, sondern auch bei der FDP vorhanden. Persönliches Vertrauen und Zuverlässigkeit aufzubauen, fällt mir nicht schwer. In meinen Gesprächen zum Beispiel mit Guido Westerwelle erlebte ich eine offene und sachliche Atmosphäre.

Als ich Guido Westerwelle in meiner Eigenschaft als SPD-Vorsitzender zuletzt im Mai 2008 traf, was in den Medien bereits als Treuebruch der FDP gegenüber der Union gewertet wurde, diskutierten wir intensiv über die innere Liberalität. Das war zu einer Zeit, als Bundesinnenminister Wolfgang Schäuble erneut massive Versuche unternahm, unter dem Vorwand des Kampfes gegen den Terrorismus die Persönlichkeitsrechte einzuschränken. Uns, also Guido Westerwelle und mir, wurde deutlich, dass es eine tragfähige verbindende Grundhaltung zwischen SPD und FDP in diesen Fragen gibt.

Es ist beachtenswert, wie viel Distanz sich zwischen FDP und Union aufbaut. Natürlich habe ich keinerlei Zweifel, dass die FDP eine schwarz-gelbe Koalition eingehen würde, wenn sie die Möglichkeit dazu bekäme. Gleichwohl stellt Guido Westerwelle sich und die FDP insgesamt offener auf. Die Freien Demokraten sind von ihrem Wesen und ihrer Mitgliedschaft her keine Oppositionspartei, befinden sich aber schon seit zehn Jahren in dieser Rolle. Das wird für diese Partei zum Problem. Übrigens halte ich die Ampel-Kombination für weitaus realistischer als das Jamaika-Farbenspiel. SPD und Grüne verbindet weit mehr als Grüne und Union. Dass die Grünen auch sozialdemokratische Wurzeln haben, ist noch spürbar. Schon deshalb ist eine Zusammenarbeit eher zu organisieren als in einer Verbindung der Grünen mit der CDU und obendrein der CSU.

Präferenz für Rot-Grün

Es gibt für die SPD überhaupt keinen Grund, nicht an die rot-grüne Regierungszeit anzuknüpfen. Das war eine gute Zeit für Deutschland, auf die wir stolz sein können. Ich habe zwar diese Konstellation, die uns mit Gerhard Schröder an der Spitze 1998 an die Regierung führte, nie als Projekt begriffen. Das hielt ich stets für überhöht. Die SPD definiert sich nicht über eine Koalition, sondern muss sich aus sich selbst heraus erklären. Ich bin überzeugt, die Fortentwicklung der deutschen Außen- und Sicherheitspolitik wäre bei einer anderen Regierungskonstellation in der Gesellschaft nicht durchsetzbar gewesen. So heftig die SPD um diese Frage gerungen hat, so massiv die Auseinandersetzungen bei den Grünen waren – man denke nur an die Farbbeutelattacken aus den eigenen Reihen auf Joschka Fischer –, so ist diese Wende doch heute selbstverständlich.

In Fragen der inneren Liberalität ist nach der sechzehnjährigen Ära Kohl vieles aufgebrochen. In dieser Zeit war die Republik erstarrt, und es tat gut, dass frische Luft durch das deutsche Haus wehte. Dies umso mehr, als sich mit Bekanntwerden der Spendenaffäre auch noch herausstellte, welch tiefes moralisches Defizit dieser CDU-Staat aufzuweisen hatte. Der Reformprozess, der den dringend erforderlichen und von Kohl sträflich vernachlässigten Umbau des Sozialstaats anstieß, wäre wahrscheinlich in der Gesellschaft unter einer schwarz-gelben Regierung kaum durchsetzbar gewesen. Die neue Energiepolitik einschließlich des Ausstiegs aus der Kernkraft hat unser Land ebenfalls vorangebracht. Die rot-grüne Koalition hat mithin Wichtiges und Großes geleistet.

Wie weitreichend die inhaltlichen Schnittmengen zwischen SPD und Grünen sind, wird mir immer wieder bewusst, wenn ich mit führenden Köpfen der Partei spreche. Dass die Grünen sich zwischenzeitlich weiterentwickelt haben, dass sie in Hamburg ein Bündnis mit der Union eingegangen sind, ändert nichts an den bundespolitischen Gemeinsamkeiten. Kritisiert habe ich an der Hamburger Koalition lediglich, dass die Grünen die Abschaffung der Studiengebühren geopfert haben.

Schwierig – Große Koalition

Der liebe Gott möge den Kelch an uns vorübergehen lassen, nach der nächsten Bundestagswahl erneut eine Große Koalition eingehen zu müssen. Eine Fortsetzung dieser

Notlösung des Parlamentarismus wäre für beide Volksparteien schwierig. Aus Gründen der Staatsräson ist sie trotzdem möglich, wenn die Wählerinnen und Wähler es so bestimmen. Dann aber müssten einige grundlegende Fragen für eine weitere Zusammenarbeit geklärt werden. Dabei halte ich es aufgrund meiner Erfahrung für wichtig, über den Stil zu reden, wie man miteinander umgeht, wenn man auf Zeit vertraglich aneinander gebunden ist. Wie gesagt: In Mainz waren sich beide Koalitionspartner einig, dass es keine Profilierung auf Kosten des anderen geben würde. Das ist eine Haltung, die mir bei der Großen Koalition im Bund weitgehend fehlt. Es gibt nicht diese grundsätzliche Rücksichtnahme aufeinander.

Das Problem geht von der Bundeskanzlerin aus. Denn einen solchen Grundkonsens, so man ihn denn will, kann man nur von der Spitze aus wirklich sicherstellen. Ich hätte es an Angela Merkels Stelle beispielsweise nicht zugelassen, dass Franz Müntefering und die SPD das Projekt »Rente mit 67« alleine schultern mussten, obwohl es ein CDU-Vorhaben ist. Gemeinsame Vertragserfüllung stelle ich mir anders vor. Man muss dem Koalitionspartner den Platz lassen, sich darstellen zu können – zumal wenn die Impulse für eine erfolgreiche Arbeit von dort kamen. Hierbei denke ich unter anderem an die Familienpolitik, in der Ministerin Ursula von der Leyen die Konzepte ihrer Vorgängerin Renate Schmidt umsetzt, aber so tut, als seien die auf dem Mist der Union gewachsen. Oder: Niemand bestreitet, dass die Regierungschefin außenpolitisch Verantwortung trägt. Doch wenn sie bei Anlässen vor den Vereinten Nationen, bei denen üblicherweise die Außenminister reden, plötzlich selbst antritt, so dient das nur dazu, den Koalitionspartner zu behindern.

Die Situation ist teilweise unerfreulich, weil man de

facto in einer Drei-Parteien-Konstellation arbeitet. Die ständigen krampfhaften Demonstrationen von Eigenständigkeit der CSU haben manche Entscheidungsprozesse derart behindert, dass am Ende alle Koalitionsparteien Schaden davontragen. Ein Beispiel ist die Gesundheitsreform, wo wir aktuell wieder Probleme diskutieren müssen, die wir ohne die CSU nicht hätten.

In einer Koalition braucht man inhaltliche Klarheit. Jede Partei muss wissen, was sie selbst will. Das kann ich bei der Union im Bund nicht erkennen. So ist die Grundfrage nicht geklärt: Gelten die Beschlüsse des Leipziger Parteitags von 2003, auf denen sich die CDU-Vorsitzende als marktliberale Reformerin feiern ließ? Oder übernimmt sie die Ergebnisse, die nur dank der SPD erreicht werden? Der Bogen ist demnach weit gespannt zwischen diesen marktradikalen Beschlüssen und der im Wesentlichen sozialdemokratischen Politik der Koalition. Was die CDU jedoch tatsächlich will, darauf findet man keine Antwort.

Jetzt, da wir die Koalitionsvereinbarung weitgehend abgearbeitet haben, bräuchte man einen bestimmten Koalitionsgeist, einen Grundkonsens, was man gemeinsam erreichen möchte. Ein solcher ist nicht existent. Daran krankt diese Große Koalition. Das ist übrigens kein Phänomen, das sich erst neuerdings zeigt, zu einem Zeitpunkt also, zu dem man behaupten könnte, beide Parteien setzen mit Blick auf den nächsten Wahlkampf wieder auf die eigene Profilierung. Dieser fehlende gemeinsame Geist ist mir schon sehr früh aufgefallen.

2005 gab es einen gewissen Optimismus, es seien wichtige Aufgaben für das Land zu bewältigen, einer Großen Koalition könne das gelingen. Wir haben das in einer Reihe von Punkten auch geschafft, und die Ergebnisse dieser Koalition sind durchaus beachtenswert. Doch das Gerangel um Kompromisse, wie etwa bei der Gesundheitspolitik, bei der Ulla Schmidt enorme Fähigkeiten zeigt, oder wohl fortan über den Mindestlohn, trübt den Erfolg und steigert die Unzufriedenheit beider Partner mit dieser Koalition.

Es wäre beispielsweise enorm wichtig, eine gemeinsame Antwort auf die Herausforderungen der Globalisierung zu geben. Da sehe ich bei der Union eher Anpassungswillen, während die SPD stärker konzipieren und formen will. Innen- wie europapolitisch hielte ich es für sinnvoll, zusammen nach einer Politik zu streben, die die sozial gerechte Ausgestaltung der Lebensbedingungen in den Vordergrund rückt. Doch ist das kaum möglich, weil die marktradikale Mehrheit und der soziale Flügel der CDU sich fast schon unversöhnlich gegenüberstehen. Hinzu kommt die CSU mit ihren zum Teil folkloristischen Einlagen und bisweilen extrem konservativen Positionen.

Erschwert wird das allerdings durch Angela Merkel, die das Amt der Kanzlerin sehr stark parteipolitisch ausübt. Das geht einher mit einem ausgesprochenen Unwillen, sich in der Sache festzulegen. Im Jahr 2005 hatte die Union ihrem neoliberalen Herzen keine Grenzen gesetzt. Das wurde seinerzeit durch die Personalie von Professor Paul Kirchhof noch untermauert. Das Wahlergebnis führte jedoch zu der für die Union schockierenden Einsicht, dass man mit dieser inhaltlichen Bestimmung gescheitert war. Die Union hatte nur einen Vorsprung von zwei Sitzen vor der SPD. Und Schwarz-Gelb war von den Wählern eindeutig nicht gewollt. Als Ausweg dient bislang eine Vorspiegelung falscher Tatsachen: Die Kanzlerin tut so, als wolle sie gar keine marktradikale Politik machen. Ich bin mir sicher, dass es Angela Merkel nicht schwerfallen würde, für sozialdemokratische Politik zu werben, wenn das den Machterhalt bewirken würde. Ihr kommt es auf die Machtperspektive an, weniger auf die Inhalte. Das ist etwas, was mich beunruhigt. Aber wenn die Menschen erkennen, dass auf die Union kaum Verlass ist, müssen wir nach 2009 keine Fortsetzung der Großen Koalition erleben.

An diesem Klima, das stark zu wünschen übrig lässt, hätte sich übrigens auch nichts geändert, wenn ich nach dem Rückzug von Franz Müntefering im November 2007 ins Kabinett eingetreten wäre. Damals hatten sich die Konstellationen bereits verfestigt. Das hätte man nicht mehr neu prägen können. Ein Klimawechsel muss von der Spitze ausgehen. Wenn man also am Geist der schwarz-roten Regierung etwas hätte umstrukturieren wollen, dann hätte das Signal dazu von Frau Merkel kommen müssen. Jetzt ist es, wie es ist, und wir Sozialdemokraten müssen weiterhin versuchen, kreativ und konstruktiv in dieser Konstellation Politik zu gestalten.

Die Wunden des Agenda-Prozesses verheilen erst langsam in der SPD, und die entstandene Konkurrenz der Linken fordert die Partei heraus. Um mich diesen Problemen als Vorsitzender widmen zu können, wären eine Ressortzuständigkeit und das Gerangel im Kabinett nur hinderlich gewesen. Trotzdem hatte ich als Parteivorsitzender deutlichen Einfluss auf die Entscheidungen in der Koalition. Dabei musste ich nicht jedes Detail verteidigen und konnte über den Tag hinausweisende Aufgaben anpacken. Die SPD hat eine sehr große Chance, aus der schwierigen Situation herauszukommen. Dafür muss man sich um Zustand, Perspektive und Zusammenhalt der SPD kümmern, damit unser eigenes Programm, das wir für die nächsten Jahre planen, über den Tellerrand der Arbeit in einer Großen Koalition hinausweist.

Die Linkspartei – ein Nein für 2009

Aus der ehemaligen SED/PDS und einer kleinen Abspaltung der SPD in Westdeutschland ist die Partei Die Linke entstanden. Darin befindet sich nun eine recht diffuse Mischung aus früheren SED-Kadern, in der Demokratie angekommenen Postkommunisten, den Unverbesserlichen von der kommunistischen Plattform, ordentlichen, aber enttäuschten Sozialdemokraten und Gewerkschaftern und sich selbst für links haltenden Sektierern, die wir in Westdeutschland aus allen möglichen Splittergruppen und früheren Parteigründungen kennen. Aber nicht nur dadurch handelt es sich bei diesem Zusammenschluss um eine tief gespaltene Partei. In Berlin und in Ostdeutschland ist oder war sie in landespolitischer Regierungsverantwortung, in vielen Kommunen muss sie pragmatische Entscheidungen fällen. Auf Bundesebene und in den westdeutschen Ländern ist sie dagegen eine reine Protestpartei, von der ich nicht erkennen kann, dass sie zu einer Regierungsverantwortung bereit und in der Lage wäre. Weil sie aber als feindselige Konkurrenz zur SPD gegründet wurde und sich an keiner anderen Partei so abarbeitet wie an uns, ist es chic geworden, uns, die SPD, zu einer Klärung des Verhältnisses zur sogenannten Linkspartei aufzufordern. Das geht mir zu weit und entschieden gegen den Strich. Ob diese Partei zu einer anderen konstruktive Verhältnisse eingeht, ob sie regierungsfähig wird, ob sie realistisch wird und aufhört, den Wählerinnen und Wählern wider besseres Wissen das Blaue vom Himmel zu versprechen, das ist ganz allein ihre Sache.

Sache der SPD ist eine vollkommen andere, nämlich die Menschen von der Richtigkeit und von den erfolgreichen Wirkungen unserer Politik zu überzeugen und im Gespräch mit den Menschen diese weiterzuentwickeln. Ein Fünf-Parteien-System heißt für uns, vor allem anderen die eigene Furche zu ziehen, die eigene Politik zu definieren und zu erklären, für die Kompromisse zu werben, die in Koalitionen eingegangen werden, und gleichwohl die eigene Handschrift deutlich zu machen. Die SPD muss klar herausstellen, dass es ohne Realismus und Pragmatismus nicht geht. Es hat keinen Sinn, ohne Rücksicht auf die Kassenlage in alle Richtungen staatliche Zahlungen zu versprechen. Und es ist widersinnig, Deutschland als eine Insel zu betrachten und die Entwicklung im Rest der Welt auszublenden. Andernfalls kommt man nicht viel weiter als das DDR-Regime.

Die SED hat Menschenrechte mit Füßen getreten. Sie hat eine Volkswirtschaft in den Ruin geführt und keines der Ziele erreicht, die Sozialdemokraten wichtig sind: Wie gehen wir mit der Umwelt um? Nachhaltiger als in der DDR wurde sie selten geschädigt. Wie entsprechen wir dem Bedürfnis der Menschen nach angemessenem Wohnraum und ausreichender Versorgung? Die tristen und in weiten Teilen zerfallenen Städte sowie die Schlangen vor den Geschäften sprachen für sich.

Ein Kernelement für Sozialdemokraten ist die bürgerliche Freiheit. Dazu fiel der Truppe um Walter Ulbricht und Erich Honecker nur Mauerbau, Schießbefehl und Bespitzelung ein. Ihre Beteiligung am Einmarsch in Prag 1968 kann ich auch so bald nicht vergessen. Eine Partei, die mit einer solchen Vergangenheit lebt, muss den Sozialdemokraten keine Vorträge über Freiheit und Frieden halten.

Die Linkspartei und die SPD stimmen weder historisch noch in der Grundüberzeugung überein. Wer Deutschland aus der internationalen Verantwortung herausdrängen will – Austritt aus der NATO, Ablehnung der EU-Verträge –, macht einen riesigen Fehler. Viele Projekte unserer Politik können nur international verwirklicht werden. Die Ablehnung des Vertrags von Lissabon zeigt, dass Die Linke die Tragweite und die Bedeutung Europas für Frieden, Freiheit und Wohlstand nicht überblickt. Keine Übereinstimmung gibt es weiterhin in der Wirtschaftspolitik. Die Rentenpolitik der Linkspartei will einen Beitragssatz von 28 Prozent in Kauf nehmen. Ihre Anträge im Bundestag würden den Bundeshaushalt zusätzlich mit über 150 Milliarden Euro belasten – das alles hat mit verantwortlicher Politik nichts zu tun.

Ich bin optimistisch, dass die Menschen erkennen, wo die besseren Ideen zu finden sind. Wir Sozialdemokraten müssen nur beharrlich genug inhaltlich argumentieren. Dann wird deutlich, dass wir zukunftsfähige Politik anbieten.

Die SED-Diktatur wird man vielen in der Linkspartei heute nicht mehr zum Vorwurf machen dürfen, aber die aktuelle Politik sehr wohl. Angesichts dieser Differenzen kann die SPD unmöglich auf Bundesebene dieser Partei zu einem Stückchen Macht verhelfen.

Ganz anders stellt sich das Problem auf lange Sicht dar. Aber auch dann nicht als Aufgabe der SPD. Es liegt in der weiteren Zukunft an der Linkspartei, ob sie koalitionsfähig wird oder nicht.

Ich sehe verschiedene Entwicklungsmöglichkeiten. Die eine ist, dass sich die Linkspartei in ein paar Jahren erübrigt und tatsächlich als pragmatische Regionalpartei, als eine Art ostdeutsche CSU weiterlebt. Die andere Perspektive ist eine wenigstens teilweise Einigung der demokratischen Linken. Wem es um die Gestaltungsmacht für die Menschen, wem es um Gerechtigkeitspolitik geht, wem die Ideen von Bebel bis Brandt am Herzen liegen, der wird die Pflicht empfinden, einen realistischen Weg dafür zu suchen. Dabei können wir uns auf keine kurzfristige Entwicklung einstellen. Die Geschichte spricht dagegen.

Viele machen es sich heute leicht und erklären, es sei ein Fehler gewesen, die SPD nach der Wende nicht für die alten SED-Kader zu öffnen. In dieses Horn stoße ich nicht. Die Entwicklung beider Parteien war vierzig Jahre lang gegensätzlich. Wir hatten zu Beginn der neunziger Jahre nicht anders handeln können. Denn schließlich sind aus der Freiheitsbewegung der alten DDR viele Menschen zu uns gekommen, die von der SED und ihren Leuten drangsaliert worden waren. Sie wollten nicht in einer Partei sein mit denen, die sie einst bespitzelt, betrogen und unterdrückt hatten. Deshalb kritisiere ich zu keiner Zeit, wie sich die SPD-Führung damals entschieden hat. Ich hätte es ebenso getan. Das war richtig. Skrupellos war, dass CDU und FDP nicht gezögert haben, die Mitglieder der alten Blockparteien mit offenen Armen zu empfangen.

Noch jetzt macht es mich immer wieder zornig, wenn ich von Unionspolitikern und Freien Demokraten die Mahnungen höre, die SPD müsse zur Linken Abstand halten. Nebenbei: Es empört mich geradezu, dass die Medien sich nicht genierten und genieren, Gregor Gysi in allen Talkshows zu hofieren, statt einmal zu fragen: »Herr Gysi, Herr Bisky, wo ist denn das SED-Vermögen geblieben?«

Man tut Oskar Lafontaine zu viel Ehre an, wenn man argumentiert, sobald er aus der Politik ausscheide, stehe der Vereinigung der Linken nichts mehr im Weg. Auch ohne Lafontaine und Gregor Gysi wird es ein sehr langwieriger Prozess, Gemeinsamkeit herzustellen. Das kann aber nur über Inhalte funktionieren. Und es ist die Linke, die sich da bewegen wird. Das historische Vorbild ist die Vereinigung von SPD und USPD 1922 in Nürnberg. Doch werden wir uns nicht von anderen treiben lassen.

Wenn man bestimmte politische Debatten verfolgt, erkennt man, wie sich die Bilder über die Zeit hinweg doch gleichen: Ich habe nachgelesen, was Willy Brandt im Juni 1987 zu seiner Verabschiedung als Parteivorsitzender sagte. Damals wurde die Diskussion um die Grünen geführt, die zu dieser Zeit ebenfalls nicht regierungsfähig waren. Mit Blick darauf, dass zu dieser Zeit das konservative Lager ähnlich wie heute der SPD die Aufgabe zuschob, mit der neuen Partei fertig zu werden, formulierte Willy Brandt: »Wollen wir es zulassen, dass die Rechten uns unserer Bewegungsfreiheit berauben, und uns von ihrem Gnadenerweis abhängig machen?« Es wird auch in der Zukunft nicht so sein, dass die Union und ihre politischen Helfershelfer bestimmen, welche Koalitionen die SPD eingehen kann und welche nicht. Das ist eine ganz grundsätzliche Bemerkung. Es sind wir, die Sozialdemokraten, die sagen, 2009 geht es mit der Linkspartei nicht.

Die SPD muss zu ihren Standpunkten stehen. Und sie muss am Ende für alle erkennbar darstellen, dass sie die Kraft ist, die wirklich politikfähig ist, die nicht nur mit populistischen Versprechungen wirbt, sondern Positionen vertritt, die verantwortliches Regierungshandeln ausmachen – für ein sozial gerechtes, friedliches und stabiles Deutschland.

Vor diesem Hintergrund ist für mich klar: Die SPD darf sich weder in der Sache noch personell verstecken, nur weil es in einem Parlament Die Linke gibt. Auch damals haben wir uns nicht versteckt, als es eine neue, aber von Sektierern geprägte grüne Partei gab.

Dass mir diese Aussage als Aufforderung ausgelegt wurde, die hessische SPD solle gegen alle Vorfestlegungen mit der Linkspartei eine Regierungsbildung herbeiführen, hat mir viel Ärger eingebracht. So wurde die Kehrtwende der hessischen SPD zu »meiner« Kehrtwende, und die Glaubwürdigkeitskrise wurde mir persönlich zugeschrieben.

Was ich aber in jenen Tagen ändern musste, war die Festlegung, dass die SPD auf keiner Ebene mit der Linkspartei zusammenarbeiten dürfe. Ich hatte fest geglaubt, durch eine klare Abgrenzungsstrategie den Einzug der Partei in den hessischen Landtag verhindern zu können. Aber es existiert keine Handhabe, die Entscheidungen von Landtagsfraktionen und Landesverbänden vorwegzunehmen. Wenn sie, wie die Hessen, ihre Pläne ändern, so kann der SPD-Bundesvorstand darüber ein Urteil fällen, aber nicht an Stelle gewählter Landesparlamentarier entscheiden. Natürlich bin ich gefragt worden und habe davon abgeraten, dies auch zusätzlich damit begründet, dass das Risiko des Scheiterns und der Schaden für unsere Partei zu groß seien.

In diesem Sinn treibt mich die Sorge, dass die Parteifreunde in Wiesbaden mit demselben Kopf doch noch einmal gegen dieselbe Wand rennen wollen. Klar ist aber, dass der Parteivorstand nicht ersatzweise an Stelle der Landesverbände entscheiden kann. Der Ball liegt also bei Andrea Ypsilanti und ihren hessischen Freunden.

Nach den bisherigen Entwicklungen bis in den September 2008 kann man nur noch hoffen, dass die Risiken nicht eintreten und Andrea Ypsilanti in Hessen eine Regierungsbildung gelingt. Ich teile die Erwartung, dass das keine Auswirkungen auf die Bundestagswahl haben wird.

Das sind die aktuellen Probleme, die wir uns teilweise auch selbst zuzuschreiben haben, mit denen auch die neue Führung konfrontiert ist. Deutlich machen will ich, dass die SPD mit der Linkspartei in Verbindung mit den hessischen Vorgängen zwar Schwierigkeiten hat, die unsere

Gegner auszunutzen versuchen. Aber wir werden die Freiheit nicht verraten, und wir werden weder die internationale Reputation unseres Landes gefährden noch unsere Wirtschaft des eigenen machtpolitischen Vorteils wegen vor die Wand fahren. Nicht die SPD öffnet sich zur Linkspartei, sondern umgekehrt muss es kommen. Das ist in Kommunen und Ländern etwas anderes als im Bund.

»Auf der Höhe der Zeit«

Ich habe dieses Buch geschrieben, damit jeder mein Politikverständnis nachlesen kann. Es hat viel mit meinem Werdegang zu tun. Mir geht es um eine Politik, die den Menschen hilft, ihre eigenen Lebenspläne zu verfolgen, die ihre Leistungen anerkennt, die jedem Einzelnen gerecht zu werden versucht. Ich empfinde mich als einen sehr traditionellen Sozialdemokraten, dem Leistung mehr bedeutet als Herkunft, der Freiheit und Gerechtigkeit für Grundbedingungen menschenwürdigen Lebens hält, der weiß, dass ohne Solidarität, ohne gegenseitige Hilfe, ein soziales Netz die Gesellschaft nicht zusammenhalten kann.

Wir dürfen als Politiker nicht das Blaue vom Himmel versprechen, sondern müssen realistisch und pragmatisch bleiben. Jeder Einzelne ist und benötigt mehr, als ihm das Wirtschaften einbringt. Ökonomie als goldenes Kalb, um das alle tanzen, ist für eine menschenwürdige Gesellschaft zu wenig. Wir brauchen ökonomischen Erfolg, um frei von Not zu sein. Doch wir brauchen auch Familie, Muße, Heimat, privates Glück, Bildung, Respekt und Anerkennung. Politik ist dazu da, das alles zu ermöglichen, die Voraussetzungen für Freiheit, Gerechtigkeit und Solidarität zu schaffen und zu erhalten.

Das mag heute komplexer, schwieriger, auch langwieriger geworden sein. Manches, was dafür geleistet werden muss, funktioniert nur, wenn es internationale oder europäische Absprachen gibt. Viel mehr, als in letzter Zeit behauptet worden ist, können wir aber nach wie vor im eigenen Land leisten. Erst wenn Politik nicht mehr zu helfen vermag, hätte es für mich keinen Sinn mehr, die damit verbundenen Machtkämpfe auszufechten. Politische Macht ist ein Mittel zum Zweck, und der Zweck, das sind Freiheit, Gerechtigkeit und Solidarität. Die Werte sind traditionell, aber die Wege zum Ziel müssen wir immer neu finden – »auf der Höhe der Zeit«, wie Willy Brandt formulierte.

Eine SPD, die dynamisch die nötige Modernisierung betreibt, sozial ist und die Lebenswirklichkeit der arbeitenden Menschen und ihre Leistungen respektiert und spürbar anerkennt, wird auch nach 2009 in der Verantwortung sein. Dafür will ich weiter arbeiten.